"慢飞天使"要上幼儿园了

给特殊儿童家长的入园准备工具箱

[美] 袁巧玲 著

中信出版集团 | 北京

图书在版编目（CIP）数据

慢飞天使要上幼儿园了：给特殊儿童家长的入园准备工具箱 /（美）袁巧玲著 .—北京：中信出版社，2022.7

ISBN 978-7-5217-4135-3

I. ①慢… II. ①袁… III. ①学前儿童—儿童教育—特殊教育—教学参考资料 IV. ① G76

中国版本图书馆 CIP 数据核字（2022）第 042309 号

慢飞天使要上幼儿园了——给特殊儿童家长的入园准备工具箱
著者：　　　［美］袁巧玲
出版发行：中信出版集团股份有限公司
　　　　　（北京市朝阳区惠新东街甲 4 号富盛大厦 2 座 邮编 100029）
承印者：　北京顶佳世纪印刷有限公司

开本：880mm×1230mm 1/32　　印张：6.125　　字数：150 千字
版次：2022 年 7 月第 1 版　　　　印次：2022 年 7 月第 1 次印刷
书号：ISBN 978–7–5217–4135–3
定价：59.00 元

版权所有·侵权必究
如有印刷、装订问题，本公司负责调换。
服务热线：400–600–8099
投稿邮箱：author@citicpub.com

目录

推荐序1 V
推荐序2 VII
序言 XI
前言 XIII

第一部分
送孩子上幼儿园前爸妈应了解的事

003　1　爸妈的期待
014　2　打破迷思：把特殊儿童送去幼儿园就会变好？
019　3　孩子在幼儿园到底发生了什么事？
028　4　孩子准备好去上学了吗？
036　5　孩子的疗育规划与比例

第二部分

如何选择幼儿园?

041   1   幼儿园有哪些类型?
052   2   选择幼儿园时必问的问题
060   3   参观幼儿园

第三部分

入学前要做的准备

067   1   一个妈妈的体验
071   2   帮孩子在心理、情绪上做好准备
077   3   帮孩子在基本能力上做好准备
083   4   让孩子爱上学习的小技巧
092   5   家长自己的心理准备

第四部分

上学后该放手与该注意的状况

- 097　1　孩子的情绪和适应期
- 106　2　是谁在帮孩子贴标签？
- 112　3　跟不上大家的学习进度

第五部分

给孩子额外的协助：陪读

- 117　1　什么情况需要陪读？
- 119　2　陪读需要注意的问题
- 123　3　谁来陪读？
- 127　4　陪读的评估
- 130　5　陪读的目标
- 139　6　要陪读多久？
- 141　7　老师也有磨合期
- 146　8　陪读案例分享

第六部分
改善学习从亲师合作开始

- 157　1　另一个增进孩子学习的关键：亲师关系
- 160　2　给家长：如何与老师沟通？
- 168　3　给老师：如何与家长沟通？
- 174　4　怎么做才算合作？
- 180　5　亲师一致，孩子才会学得好

推荐序 ❶

我每次出门诊时，都会有家长问我："我的孩子能上幼儿园吗？我的孩子什么时候才能上幼儿园呢？"

我的回答通常是：1.时代在进步，社会和教育体系对自闭症儿童的包容和接纳程度显著提升；2.通过科学干预，自闭症谱系障碍和相关障碍的儿童，其症状大多能够得到显著改善。在这样的背景下，大多数自闭症谱系障碍儿童都能够顺利进入幼儿园、小学，也能够融入主流教育体系，健康快乐地成长。

然而我知道，这个过程并不容易。作为一名医生，对于家长提出的这个涉及自闭症儿童教育方面的问题，我的答复多少有些缺乏底气。

在此，我向您推荐美国哥伦比亚大学袁巧玲博士的新书《慢飞天使要上幼儿园了》。在书中，袁巧玲博士用自己深厚的理论知识和极其丰富的一线特殊教育实践经验，结合相关的研究成果，通过通俗易懂的语言和生动翔实的案例，给出了这个问题的最佳答案。

阅读学习此书，您将知道自闭症谱系

障碍的孩子进入幼儿园需要具备的一些基本能力，以及广大家长一直存疑的一些问题，包括：如何选择幼儿园？如何选择老师？是否需要陪读？谁来陪读？如何与学校老师沟通，从而建立良好的亲师关系？

《慢飞天使要上幼儿园了》适合广大自闭症儿童的家长阅读，它同样也适合从事自闭症康复的特殊教育老师和专业人员阅读。此外，我也诚挚地向广大幼儿园教师推荐这本书。

邹小兵
中山大学附属第三医院
儿童发育行为中心主任

让自闭症儿童进行人生融合的第一步，你需要这本书。

逼迫自闭症儿童家长的，除了自闭症本身，就是时间——孩子一天天长大，你却不知道他的未来会怎样。

第一个难关，就是让孩子进入幼儿园。在此之前，无论在机构还是居家，我们的孩子都经过了时间不等的干预，很多孩子也一直在进步。而进入幼儿园，则是他们真正迈向融合的第一步。

毕竟，孩子跟家长及康复师的互动，只是他们一生中难度最低、包容度最高的社交，而这种社交不可能保护他们一生一世。

根据邹小兵教授的研究，普通孩子在幼儿园里，平均一天要说600句话，这相当于跟外界的600次互动。如此高密度的信息和社交刺激，无疑能够为孩子未来的认知、情绪和学业奠定必要的基础。

别说自闭症孩子，即便普通孩子在这方面有所缺失，也会在他们人生起步的早期，带来日后很难弥补的差距和缺陷。

对自闭症孩子来说，能否顺利在幼儿园"幸存"下来，取决于他有多大的可能性进入小学，甚至初中、高中，进而融入社会。

因此，自闭症孩子的家长都会尽全力将孩子送进幼儿园，很多孩子还有可能被幼儿园频繁劝退，然后家长屡败屡战……一路走下来，真是一把辛酸泪。

但是，我们期待将孩子送进幼儿园的最终目的，并不是让孩子不被劝退。如果孩子缺少邹小兵教授说的那"600次互动"，每天只是沉溺在自我世界和刻板行为中，枯坐或游荡于集体之外，那么他们可能还不如不入园，交给家长自己带。

袁巧玲博士的这本《慢飞天使要上幼儿园了》正是为此而来。所有家长担心的问题——已知的和未知的，在这本书中都有充分的阐述和解答。

袁巧玲博士是美国哥伦比亚大学应用行为分析博士和实践教学硕士，国际认证博士级行为分析师（BCBA-D），也是大米和小米公司的首席技术官。她的学术功底和实操能力，用"全国一流""学贯中西"来形容，一点儿都不过分。

袁巧玲也是一位称职辛苦的妈妈，随着自己育儿经验的不断拓进，在既有的自闭症干预体系中，她越来越倾向于发掘自闭症孩子与普通孩子趋同的那一面，求同存异、扬长避短，以实现康复干预和社会融合的最大化效果。

自闭症孩子本质上也是孩子，忽视这一点，一味强调他们的短板和迟滞，不仅会夺走他们应有的快乐童年，更会剪断他们的翅膀，导致活动半径越来越小。

自闭症孩子也有自己的特殊需要，从这些千人千面的特殊需要出发，做好家长能做的一切，再与幼儿园园长、主班老师、同学及家长进行良好沟通，驱动他们做好准备，更有能力接纳与帮助我们的孩子，这也是我们每一位家长必须面对的课题。

你如果躲避了一个问题，孩子就会在幼儿园里遇到更多的问题。怎么办呢？袁巧玲博士的这本书里讲得非常清楚。我就不多嘴了。

我只是想说，尽管我女儿小米的

自闭症后来被证实为一场误会，但十几年前，在她刚被"确诊"时，我的痛苦、焦虑和无助，不亚于任何一位自闭症家长。

区别就在于，当时的我，并不认识袁巧玲博士，也没有这本书可以看。

我们和孩子的未来会更好吗？从这点来看，一定会的。

姜英爽

大米和小米公司创始人

序言

看到孩子的美好，让他们健康成长

身为一位母亲，我最大的期许，就是看到自己的孩子能健康快乐地长大，在他所处的环境中能被平等地对待，得到支持。我想，这应该是所有家长的心境。

理想有时候与现实相差很远，特别是当我们的孩子是特殊儿童时，家长们更是面临重重困难——从治疗到入学，每一步都盼望能为孩子做出最佳的决定，目的就是希望自己的孩子能与其他孩子一样拥有相同的权益，顺利入学，在学校里被接纳的同时又能快乐地学习。事实上，特殊儿童一路求学的过程很不容易。我们常常听到孩子陷入遭到学校拒收或是被退学的困境，即使入学了，也有可能被排挤或被霸凌，让家长们不仅焦虑，更是心疼。

对于我们的孩子来说，融入普通学校最大的挑战，是要通过层层的关卡。这些关卡包括老师、同学和环境的支持。老师若是对特教的概念不足或是对特殊儿童缺乏理解，他们抱持的负面态度会降低对孩子的接纳程度。如果孩子又有情绪或问题行为，那么不仅会让老师在教学上感受到困扰和压力，普通班级的儿童也会受到影响，还会招来异样的眼光。因此在融合教育[1]的支持系统尚未健全，无法提供支持性的学习环境，资源和人手不足的情况下，身为家长，需要多思考有哪些是我们可以做的事，协助孩子在这些困境中依然获得平等教育的机会。

写这本书，是要献给所有正在挣扎的家长，让他们在无助的时候，能有一些方向、一些盼望。无法控制环境、无法依赖现有的教育体制时，我们只能靠自己，靠着自己的努力，帮孩子打造好"条件"。这些"条件"指的是，无论是心理层面还是能力方面，当孩子建立好一些基础的能力后，进入学校就能有效率地学习和融入，进而降低老师教学的压力和减轻老师在教学上的困扰，让老师看到孩子不是想象中那般难带，同时在与孩子相处的过程中，看到孩子的美好。

替孩子争取他们的就学权益不仅是申请学校或是花费大笔的钱买学区房，这个过程需要家长们积极地主动参与。让我们一起来帮助孩子打造就学的条件。

---

[1] 融合教育指的是让特殊儿童和一般儿童在一个班级里学习，提供一个正常化的教育环境。

前言

一切都出自"疼惜"和"盼望"。

由于从事早期疗育的工作,我经常接触到特殊儿童及他们的家长。疼惜,是疼惜家长在为孩子做任何决策时的那些心路历程;盼望,是即使知道孩子有自己本身的限制,还是对孩子的未来有所盼望。

我们的许多家长在孩子到了入学年龄时都会想知道:"我的孩子可以上幼儿园了吗?"我的答案通常都是"再等等",不然就是"赶快去",但绝对不会是"去试试看"。也许是我比较谨慎,在面对孩子的学习时,总是希望尽我所能考量到每个面向,这样才不会浪费孩子的时间、父母的心力与金钱。所以如果我说"再等等",必定是孩子还没有准备好。无论是心理层面或是能力方面,研究都显示,只要孩子建立好一些能力,进入幼儿园就能有效率地学习和融入。相对地,如果我说"赶快去",一定是在评估孩子的能力后,确切观察到孩子已经具备上幼儿园融合的条件，才会建议家长把握这个时机让孩子去学习。

　　写这本书，是因为现在很多关于孩子上学的书籍，大多是针对学龄的孩子，很少书籍是特别针对正要去上幼儿园的孩子。其实，就如同早期疗育一样，帮孩子规划上学也是越早越好，而不是等到孩子要入学了，才开始思考可能会面临的种种问题。规划的意思是先有想法、做好功课，再评估看看孩子是否现阶段适合去上幼儿园，而这些都需要时间，只要能提早做好准备，就可以避免做出不恰当的决定。一旦孩子准备好基本学习能力，我们就可以把幼儿园当作"练功"的地方，在那里持续加强各种技巧、练习人际互动、学习团体规范，协助他在将来上小学时能顺利克服需要面对的挑战。

　　这本书，是要献给所有现在正在挣扎的家长，在无助的时候，能有一些方向、一些盼望。在这里，我要感谢芙尔德教育中心的陪读老师，不仅是赢得幼儿园老师的信任，用尽心力融入别人的"地盘"，更重要的是在这段路程里，引导孩子们在学校里发光发热！我也要感谢所有曾经跟我们一起共事的家长，因为有你们真诚的分享，我们更有动力去为孩子服务，谢谢你们！

第一部分

送孩子上幼儿园前爸妈应了解的事

1　爸妈的期待

我在从事特教领域的这十几年里，辅导过无数家长，几乎所有我接触过的家长都向我分享，希望有一天，他们的孩子能像一般孩子一样地学习、交到好朋友，不要被贴上标签。也正因为如此，不管孩子当下接受什么样的疗育课程，处于哪一个发展阶段，家长终极的目标，通常都是希望孩子能回归到一般主流的学校体系里，特别是能融合在普通班级，和其他孩子一起学习。

期待孩子能在一般的幼儿园学习，当然是个很理想化、很美好的目标。但是我们是否问过自己，"为什么"想让孩子融合？我们追求的到底是什么？每当有妈妈向我说："我要让孩子去上幼儿园。"我都会问她："妈妈，您为什么会有这个想法呢？"问完后，我最常听到的答案有几个："医师说我的孩子已经可以去上学了""我想让孩子早点去适应环境""幼儿园有一般发展的孩子可以跟我的小孩玩""我的孩子可以有其他模仿的对象""这样我的孩子可以有更多元的刺激"。这些回应，都反映出家长的心情，因为只要是身为家长的，都会有同样的期待。

期待是期待，但是我们的期待是否符合孩子的需求，这是需要仔细思考的。我问这个问题，目的是要帮家长理清自己的思绪，从中了解自己和孩子的需求。请记得，任何我们为孩子做的决定，都需要花时间和心力去了解、分析，再判断哪些才是现下对孩子来说最有意义的。

才短短几个月的时间，就有好几位家长跑来跟我说："袁博士，我后悔了！"印象最深刻的是某次当我演讲结束时，有几位家长同时来找我聊天，说他们其实在之前就听过应用行为分析（Applied Behavior Analysis，ABA）疗育课程，但是缺乏进一步的信息，就没有考虑过要接触。直到孩子进入小学之后，开始在学校不断出现行为问题，他们正好有机会来听相关演讲，没想到一听完才发现原来应用行为分析是一套具有科学研究支持的教学方式，可以针对孩子在语言沟通、社交技巧、认知学习、扩展兴趣以及行为与行为管理各方面的困难，规划个人化的课程，因此感到很后悔，竟然让孩子错失了学习的机会，这几位妈妈都对我说："如果当初早点知道，也许孩子今天就会不一样！"

也有家长对我说："袁博士，医师说我孩子的能力不错，把孩子送去幼儿园就会好了。所以我把他送去学校，虽然在认知的学习方面他都能跟得上，但是常出现行为和情绪问题，不是常常去捉弄别人，就是情绪一来就大发脾气。老师尝试安抚他，刚开始还算有效，但是后来状况变得越来越严重，我是不是太早把他送去幼儿园了？医师不是说他已经可以上幼儿园了吗？"

　　我听到这些家长的心声，不是一次、两次，而是好多次。每一次我都好奇地想知道，如果孩子的教育和学习是那么的重要，到底是哪些因素影响了家长对于选择课程的判断力？选择幼儿园就如同选择疗育课程，也需要正确的判断能力。我的孩子现在适不适合去幼儿园？去了之后是否要重新调整疗育课程？要如何定义孩子真的在幼儿园学到了东西？这些都是关键问题，千万别草率决定，更要留意自己的心态。

应该避免的心态

　　我统计分类了一下，发现这些后悔的家长有四种常见心态。

◆ "人家说"的心态

　　口耳相传是我们的文化，我们不但想把好的东西跟好朋友分享，有时候也喜欢议论，这是人性。但是家长切记，别人跟你分享的是他个人的经验、他的孩子、他的价值观，甚至是只有他能理解的有限范围。这些分享可以听听，当作参考，但不能拿来决定孩子的命运。原因很简单，每个孩子的状况不同，他的经验不等同你的经验，他的价值观也不是你的价值观，为了自己的孩子，爸妈应该多做功课，自行去了解。

◆ "好不容易有人愿意收"的心态

在现实的状况中，的确不是每一间学校都愿意收我们的孩子。有很多的孩子还没入学就被拒绝，也有很多的孩子在学校出现行为问题，造成老师的困扰，到最后还是以"退货"的方式收场。只要经历过的父母应该都知道，想找一间幼儿园并不难，但是要找到一间愿意接纳孩子又有技巧能教导我们孩子的学校并不多见。于是家长到处"逛学校"（school shopping），一旦有机会被"录取"，会紧紧把握这个机会，甚至愿意放弃其他的疗育课来配合学校。尽管其他的疗育课程很重要，也都对孩子有帮助，但是因为"好不容易有人愿意收"，所以无论如何也要守住这个入学机会。

当然，如果这间"好不容易愿意收"的学校，引导孩子的方式也正好是孩子需要的，那么真的恭喜你，因为这确实是个难能可贵的机会。但是如果只是因为"好不容易有人愿意收"的心态，而选择了一间不适合孩子的学校，那么你很有可能浪费了孩子的时间和自己的努力。

◆ "那一间学校很有名"的心态

还记得甜甜圈知名连锁店开店时，大家一窝蜂去买，甚至花钱请人去排队，一排就排好几个小时，虽然辛苦，但买到了也心甘情愿，就是因为它有名。选择学校也有类似的现象：一群妈妈在等孩子上课时，通常都会分享各自的资源，如果正好在这个时候家长重复听到某个老师或学校的名字，就会认为某某老师很有名，也因为大家都想上他的课，都受到影响，急着想要帮孩子排课。其实我们的生活周遭有很多"没有名"的好事物，学校也是一样，父母在选择时要追求的不该是名气，而是要实际去了解什么样的学校才是适合孩子又对他有帮助的。

◆ "先去试试看"的心态

这也是一些家长常有的心态，当爸妈不完全了解孩子目前的需要、不知道别人的建议适不适合，甚至是还没做好完善的判断时，往往都会想要试试看，就是"先试了再说"。

该不该试其实并没有标准答案，有些孩子还是适应得很好，但有些孩子比较敏感，如果在还没有准备好的情况下就入学，可能会因为一个不好的经验而产生挫败感。如果导致他后来更排斥上学，到时候父母可能会有更多的困扰需要解决。因此在尝试之前，请先多为孩子设想，考量一下他现有的能力和状况，做好准备再开始。

培养判断能力

一个人的判断力不完全是与生俱来的，就如同很多其他的能力一样，需要多做练习。我们可以先问自己几个问题：

- 我的孩子对我来说重不重要？
- 孩子的学习对我来说重不重要？
- 找到适合孩子的方式重不重要？
- 帮孩子做好准备对我来说重不重要？
- 我在孩子身上投资的金钱和时间对我来说重不重要？

如果你的答案都是"重要"，那么你是否应该多花些时间跟精力去了解，并自己下判断？以下是我给家长的三大提醒：

1. 去了解！去了解！去了解！ 也就是亲自去接触、询问、多做功课，不要轻易听信不相关的人说的话。

2. 注意要均衡。 儿童发展是全面性的，不是只有单一方面的发展，就像营养要均衡，学习也要均衡。如果是需要疗育的孩子，但为了上学而放弃所有疗育课程，孩子的进展有可能会因此停滞。

3. 靠自己判断。 当你把该收集的资料都收集齐全，记得问问自己：哪些孩子的学习目标是最需要优先考量的？哪些课程是现在对他最有意义的？我帮孩子做的安排是否符合他的需求？

亲爱的家长，养育孩子很辛苦，教育特殊儿童更是不容易。尽管在帮孩子做决定的过程中，很多时候并没有所谓的对或错，我们还是要自己多问问题，多整理，学会做个会自己判断的父母。

了解孩子的发展

要学会自己判断的一个必要条件，是要先学会观察孩子。我们都认为自己身为孩子的父母，对孩子都有一定的了解。事实上，我们需要再提升对孩子观察的敏锐度，从中认识孩子的发展状况，比较他与同年龄孩子的发展程度是否相近，还是有着明显的落差。该从哪里观察起呢？有几个方向家长可以参考。

◆如果孩子已经入学

学校老师的观察是个很好的指标，他们看的孩子多，很容易就能看出孩子与孩子之间在发展上的差异性。多聆听老师对于孩子的描述，并持续地观察孩子，看看是否一般的引导方式就能够改善孩子的学习状况。

◆如果孩子是独生子女

家中如果只有一个孩子，很难知道孩子是否落在一般的发展范围内。这时候有一个简单的方式可以判断，就是邀请有相近年龄孩子的亲朋好友一起聚会，在小朋友互动时，可以从中观察自己孩子的反应及表现。建议不要只透过一次观察就判定孩子的能力，有些孩子需要多接触几次才会愿意展现出自己真正的能力。

◆ 如果孩子已经确诊

已经确诊或是正在接受疗育课程的孩子，父母大多清楚知道孩子的强项及弱项，也正在朝着发挥强项、加强弱项这些方向努力。但是在接受评估时，孩子很可能会出于一些因素，像是不适应环境、不熟悉评估他的治疗师、缺乏动机，而显示不出真正的能力，不能呈现完整的状态。这时候就需要家长学习观察自己的孩子。以下是一些初步的观察项目，爸妈可以在日常生活中留意孩子有没有这些能力。

观察孩子能力的清单

沟通能力：

- 表达需求（主动说出"我想吃饼干""我想上厕所"。）
- 描述事物（"他堆的积木好高喔！"）
- 说出完整的句子（"妈妈，你看我画了一条鱼。"）
- 回答别人的问题（阿姨问："你假日去哪里玩？"孩子回答："儿童乐园。"）
- 提问问题（孩子问："今天的点心是什么？"）
- 与他人对话（能针对一个主题与人来回交谈。
  A 小朋友："我要当超人。"
  B 小朋友："那我要当蜘蛛人。"
  A 小朋友："我们一起去打坏人。"
  B 小朋友：坏人去那家店抢东西了。"
  A 小朋友："快把他抓到警察局。"）

社交技巧：

- 对他人有兴趣（走到其他小朋友旁边看他们玩玩具。）
- 跟小朋友一起玩（坐在其他小朋友旁边一起玩乐高。）
- 对同伴做出适当的反应（小朋友问："你要不要一起玩红绿灯？"孩子回答："好啊！"）
- 有基本的游戏技能（会玩捉迷藏。）

行为及情绪：

- 无攻击性行为（不会打人、咬人、破坏。）
- 可表达自己的情绪（能说出"我好生气！"）
- 会控制自己的情绪（哭了几分钟后能自己去找件事来做。）
- 可独自进行适当的活动（没人陪同的情况下，可以自己在一边画画。）
- 主动参与活动（看到小朋友在听故事会一起参与。）
- 愿意配合他人（玩游戏时配合其他孩子的游戏规则。）

以这份清单来检视孩子的能力，目的是让爸妈多了解孩子缺乏哪几项关键的基本技能，缺得越多，可能就代表孩子需要花越多的时间练习这些技能，这会是你要不要马上把孩子送去上幼儿园的一个重要考量。如果孩子学习效率高、基础能力够，很有可能在学校也能学会一些他需要的能力，家长可以根据这些观察来评估孩子上幼儿园和疗育课程的比例。

这是孩子需要的吗？

上一般的幼儿园，表面上看来，能让特殊儿童看起来像其他孩子一样，但不见得是对我们的孩子最有效的教育方式。我们都想看到融合教育（指的是让特殊儿童和一般儿童在同一个班级里一起学习，提供一个正常化的教育环境）的优点，但是很多事情都有两面，为了孩子，考量必须要更全面而且详尽。那么除了理想化的结果以外，融合可能会有哪些缺点？

◆ 浪费特殊儿童的学习时间

孩子在现阶段的能力都是落后的，也就是一些基础能力并没有建立起来。这时候应该依照孩子个人的能力，用更多时间去学习需要加强的技能。但是如果他们这时是坐在教室里，跟大家一起上一些他们不理解的课程内容，随着年龄增长，与其他同学的距离只会越拉越远。很多孩子能感受到自己跟别人不同，自尊心受到伤害之后，不是行为问题增加，就是变得退缩。这个我们原以为对孩子好的环境，反而对他们造成了伤害。

◆ 给班级老师带来压力

老师除了要确保班上的学生能够正常学习、不受到干扰，还要顾及特殊孩子的情况，确实是很大的挑战。除非人手足够，不然基本上，老师的精力只能专注在教学、维持班级的纪律上，实在很难有余力去为特殊儿童设想，或是思考该如何提高孩子的能力。这也是为什么会有那么多的老师拒收我们的孩子。

◆孩子被排斥

孩子一入校，老师就开始有压力，有些老师要花很多心思跟其他学生的家长解释，有些老师也要花时间教育班上的同学。如果在这时候，我们的孩子出现极端的问题行为，严重到老师无法掌控，学校就会开始出现关于安全的疑虑。这一点也是很多普通学生家长的担忧，担心特殊儿童会干扰到他们的孩子。处理不恰当，受影响的家长就会出现对立的情况，是需要特别注意的问题。

所有家长都希望特殊儿童能在一般的幼儿园里学习，跟一般发展的孩子相处，某方面来说，这样有助于他们的身心健康成长。但事实上，很多专家都同意，如果我们认为孩子能在这些班级上自己主动向同学学习，那就大错特错了。因为如果真是如此，医师的诊断就不具任何意义，孩子也不需要额外的疗育服务了。

2　打破迷思：把特殊儿童送去幼儿园就会变好？

很多家长在听到医师或亲友建议将孩子送去幼儿园时，都跃跃欲试，但又不免忧心忡忡。我就经常在开学季前遇到家长带着他们的宝贝来问我："袁博士，医师说把小孩送去幼儿园，有同年龄孩子的刺激，他自然而然就会进步了！这是真的吗？"我能了解爸妈的心情，期待孩子能跟一般孩子在一起学习、互动，这是所有特殊儿童家长的共同目标。但是事实上，并不是所有的案例都像医师说的，送到幼儿园就自己会变好！

根据我多年辅导孩子的经验，和实际进入幼儿园的观察，有些真相我必须要告诉家长。

◆迷思1：孩子去上学就能模仿同龄孩子的行为。

如果你希望孩子上一般学校的理由，是期待他能向其他小朋友学习，就必须先检视孩子"模仿"及"观察性学习"的能力。美国针对融合教育进行了许多研究，都发现当孩子能透过观察他人，进而从中学习，在融合的环境里才能真正吸收多元的刺激，融合才会成功、有意义。但是也有研究特别提到，这种能力在许多特殊儿童身上，需要透过特定的训练方式才能让他们学会，并不会自然发展出来。观察性学习不只是模仿能力，它是孩子在观察老师与其他小朋友互动后，不是在当下模仿，而是在当下吸收、消化，之后也能记得，并且在其他情境中能展现出他先前学到的内容，这类学习的范围包括了学业还有社交技巧。

根据以上的观点，也许家长应该先问问自己，孩子是否有足够的先备条件。例如：孩子会观察或注意别人吗？能不能持续专注在别人身上一段时间？（比如同学在进行一个活动或说话时，孩子能不能看着同学几分钟，注意他的动作或表情。）孩子有模仿能力吗？他能看着同学正在做的动作或游戏并一起模仿吗？如果孩子缺乏这些能力和该有的持续度，那么他在幼儿园的环境中学习一定会遇到困难。

◆迷思2：早点让孩子上学，就可以早点适应团体生活。

其实，适应并不是真正的问题，能力够不够才是问题。只要是人，都有适应的能力，只是需要的时间长短不同。孩子就算能适应，并不表示他上课时能听得懂老师讲课的内容、跟得上同学学习的脚步，也不代表他就能自动跟其他孩子互动。切记，如果是诊断出发展迟缓的孩子，学习的方式不像一般发展的儿童，他们需要经过特别的教导才能学习。因此，这时家长需要考量的是，目前对孩子而言，到底有没有足够的条件去上一般幼儿园？治疗与上学，哪一项比较迫切？还是可以同时进行？

◆迷思3：孩子在学校可以得到比较多的刺激，学习也会比较快。

爸妈有一个应该要注意的正确观念就是：刺激给得多，并不等于孩子就会学得多，孩子能吸收多少，主要取决于他本身的条件和老师的教法。也就是说，孩子若是缺乏专注力、理解力、模仿力、自我管理能力、学习动机等，就算老师上的课再怎么丰富、变化再怎么多，孩子也很难进入状态，因为这些都是每个孩子在学习时所需要的关键条件。这时候，如果老师不将孩子的困难点纳入考量、为孩子适时调整教学内容或引导方式，学习效率绝对会大打折扣。

◆迷思4：幼儿园老师的经验丰富，他们会懂得如何带我们的孩子。

特殊儿童的学习方式跟一般孩子不同，他们的学习内容需要先划分为容易达成的步骤，同时还需要透过策略性的引导与协助才能进行。另外很重要的一点就是，特殊儿童的学习动机低，在教学时必须运用技巧来激励孩子。从这些点来看一般的幼儿园，他们的步调太快，很多孩子跟不上，班上的老师人力不足，又加上大多数的老师是幼保科背景，缺乏特教方面的训练，因此，很难为孩子做个别化的教学。

◆迷思5：老师说孩子没什么问题，就不需要担心。

当幼儿园的老师向家长说："小朋友很好啊！他适应得没问题！"通常我都会担心这是什么意思。根据我们陪读和入班观察的经验，当孩子本身不太有问题行为、个性又温和时，老师都会觉得他"没问题"，但是没问题有时候也就代表孩子被搁置一旁，反正他不会吵闹，老师可能就任由他做他想做的事，不参与也没关系，这样，小朋友就丧失了很多学习的机会。

◆迷思6：只要不帮孩子贴标签，别人就不会发现他有什么不一样。

千万别认为孩子只要跟一般孩子一起上课，就不会被贴上标签；更不要以为，只要你不提孩子的状况，老师或班上的同学就察觉不出来。要记得，班上都是同年龄层的孩子，很容易互相参照。当孩子缺乏社交能力、对同学没反应，或经常做出不适当的行为时，其他孩子会自动帮他贴上标签："他好奇怪！我不要跟他玩！"小朋友贴的标签很容易影响其他班上的孩子，会比我们大人给他的更难移除。

另外，有些孩子很敏感，能察觉自己跟别人不一样。看到自己与他人的能力落差大，就会缺乏自信，造成更退缩的状况，不愿意学习也不愿意与其他孩子互动，越强迫越会带来反效果。积极把孩子送入幼儿园，却得到了这种结果，家长的心急也许反而带给孩子负面的学习经验。我们是否该问问自己：到底孩子准备好了没？我们身为家长的，有没有先帮他建立好学习的条件？

3 孩子在幼儿园到底发生了什么事？

孩子进入了幼儿园，真的有我们想象中的那样美好吗？他能做到我们所预期的吗？我们发现，如果确实孩子已经具备一些关键能力，是绝对有潜力在学校的环境里发光、发热，甚至超出我们原先的想象的。但是如果孩子还没准备好，以下列出的状况就会成为孩子学习上的阻碍。

我们先一同来看看幼儿园孩子需要面对的人、事、物。

一般教室的情况

◆ 人多及嘈杂的环境

对一些特殊儿童来说，他们的感官知觉跟一般儿童不太一样，特殊儿童不是过度敏感，就是比较迟钝。在一些自闭症的孩子身上，我们可以看到他们害怕嘈杂的地方、不喜欢被别人触碰，甚至会刻意避开人多的地方。严重的例子，是孩子会过度焦虑，导致他在情绪上开始失控。幼儿园里一个班级平均会有二十几个小朋友，环境不但嘈杂，孩子们也都随时有可能触碰到他人的身体，特殊儿童要在一个密闭空间内接收这些感官刺激，的确是件很辛苦的事，这也是为什么有些孩子会因为负荷不了感官上的刺激而情绪崩溃。

◆ 复杂又抽象的指令

老师向全班说："小朋友，去上厕所、洗手，洗完手后请拿水壶喝10口水，再回到座位上。"这是老师一般在教室里会给的指令，通常都不只是单一的要求，如果我们仔细拆解，单单这句话里就涵盖了多重信息。小朋友除了要接收到全部的信息外，还需要一一正确执行出来。复杂的指令对很多特殊儿童来说是相当困难的，他们需要分别听懂所有的单一指令，听完后还要记得所有的内容，最后执行的时候还需要依照正确的顺序。

这些指令虽然复杂，但至少是明确的，有一些其他的"名称"是孩子没接触过的，或是很难理解跟自己有什么关系。好比班级名称，每一个班级都有属于自己的名称，像是"樱桃班""企鹅班"，老师在教学中常会加入这些名称再给指令："企鹅班的小企鹅去拿睡袋准备睡午觉啰！"或是有时老师会直接叫小朋友的号码："25号，请来老师这里交作业。"这些名称对孩子来说是抽象的，以往要学习自己的姓名都要学上好一阵子，现在又多了一些新的名称要学习，的确在接收老师给的信息之外又增添了不少困难。

另一个对孩子来说的困难点是"距离",以往在疗育课程中,孩子都是在离老师近距离的地方学习,老师也是在近距离的范围内给予指令,但是在教室里就不同了。老师离小朋友都有一段距离,虽然孩子听得见,但是很多孩子无法区分老师是不是在对他说话,对环境敏感度低的孩子而言,要融入团体的学习就很困难了。

◆ 需要孩子高度配合

在学校,所有的孩子都需要在多方面配合老师,但不是每个孩子都能做到。举一个例子,老师向班上的同学说:"小朋友,请把圆圈涂上红色,三角形涂上黄色。"这时珊珊虽然听得懂老师的指令,但是因为她最喜欢的颜色是绿色,于是她将两个形状都涂满了绿色。

这个例子是特殊儿童经常会发生的状况,因为他们常有特定的喜好和固着行为。当老师的要求与孩子的想法不一致时,他们只会做自己想做的,因此在老师眼里,就觉得这个孩子的配合度低,结果可能有三种:(1)老师了解孩子的状况,所以能适当地引导;(2)孩子被贴上不听话的标签,因而受到负面方式的对待;(3)孩子被放在一边,不被理会。

◆ 多步骤的活动流程

一踏进校园,一连串复杂的活动就开始了,这些程序包括换鞋、放书包、放水壶，及走到老师指定的空间并参与活动。虽然每天孩子都有练习这套流程的机会，有些孩子在多次练习后也确实可以跟上脚步，但是大多数的孩子在练习时，无法顺利完成该做的事。他们经常会因为活动与活动之间的空间距离、时间间隔，或是其他孩子在做的事而受到干扰，注意力被分散，导致流程中断。

教室的摆设也可能是一个会影响孩子表现的因素。试想一下，在一间教室里，孩子一进教室，如果摆放书包和水壶的位置是在同一个区域，放完之后再顺着设计的动线引导孩子到活动的区域，那么孩子就比较不容易分心。但如果放水壶跟放书包的地方一个在东、一个在西，孩子在放完水壶走向另一个地方的过程中，很容易就会被别的事物吸引，忘记自己到底要做什么。在国外，很多特殊儿童会因环境的刺激而受到干扰，因此就连教室里桌椅、柜子的摆设都经过特别考量。如果摆设恰当，就能辅助孩子活动的动线，减少一些不必要的干扰，孩子也比较能专注在他的任务上。

◆ 长时间的团体教学

学校的学习有很多时间都是以团体教学为主，与特殊儿童平时一对一的疗育课程相差很大。在疗育的情境中，孩子上课与游戏时间可以密集地交错，也较少被规范必须要长时间坐在椅子上上课，对于原本就缺乏专注力的特殊儿童来说，如果能够上一下课再起来动一动身体、玩一玩,他们真正在学习时的效果反而会比较好。

但是一般幼儿园的团体教学时间,平均都在十五到三十分钟。能力好的孩子可以专心听老师讲课一段时间;能力没那么好的孩子若是听不懂内容,他们不是无法安静坐好、注意力分散,就是会开始出现行为问题。当然,也有一些孩子的稳定度够,看起来像是乖乖坐着上课,但事实上他们在放空、做白日梦,并没有吸收老师所教的内容。

上课无法专注的伟伟

伟伟是一个发展迟缓的四岁孩子,他在三岁时经过医师诊断后,妈妈就带着他密集地去上疗育课程。直到他的语言能力有明显进步,治疗师才建议妈妈带伟伟去上幼儿园。妈妈很开心伟伟终于能回归到幼儿园里,但她自己心里也明白,伟伟跟一般发展的孩子比较起来,在能力上还是有明显的落差,所以不敢中断疗育课程。伟伟开始上幼儿园后,适应得还不错,只不过老师常常抱怨,说他上课不专心。大家在听课时,伟伟会到处看,不然就是摸摸自己的手,很少看向老师。伟伟确实经常分心,这是治疗师跟妈妈都知道的,不过他们也发现,如果是伟伟有兴趣的、能理解的或是有足够吸引力的内容,他专注的时间就能持续比较久。与老师沟通后才了解,老师有他上课的风格和自己的坚持,喜欢花大部分的时间"讲课",在最后几分钟才会问学生几个问题,这也难怪伟伟很难专注,因为课程内容不是他能完全理解的,师生的互动量也不够多。

◆ 自由游戏时间

自由活动时间对一般孩子而言是再快乐不过的事，他们一起玩游戏或各自玩自己喜欢的玩具，这个时候也是展现社交能力的好时机。相反，很多特殊儿童在这个时候最焦虑，正因为是自由活动时间，缺乏结构化的情境让很多孩子不知所措。有些孩子不太会正确使用玩具、对玩具没兴趣，更不懂复杂的游戏规则，最后只能到处游走、东摸摸西摸摸，或是独自一人躲在角落自我刺激，不然就是以重复、没变化的方式玩玩具。

◆ 快速的学习步调

我进入一般幼儿园观察过好几回，常常发现教室里教学的步调是很快的，好比孩子昨天才刚学习认识字卡，今天稍微复习一下就需要辨识正确才能得到奖励。这样的学习步调也许适合一般孩子，他们透过老师的示范，经过几次练习，就能学会一项技能。但是特殊儿童学习的方式不一样，他们学习的效率没那么高，以我们平常教小朋友的记录来看，特殊儿童不但需要大量的练习机会（平均需要练习几十次甚至几百次才能学会一项技能），老师还需要依照孩子的状况选择适合孩子的策略，这样才能教会孩子。若孩子跟不上，情绪跟行为问题就会开始出现。

◆ 活动转换时需要弹性

很多特殊儿童缺乏面对改变的适应力，他们喜欢结构化的环境，结构化能让孩子预期接下来会发生的事，让他们从中获得安全感。有些特殊儿童也不喜欢变动，特别是当他们沉迷在自己喜爱的活动中时。这时如果老师要求班上的小朋友转换活动，比如"小朋友，收教具啰，我们要去团讨角落了"，他们会很难接受变化，有些孩子还会因为缺乏弹性，坚持要把教具的活动做到他认为理想的程度才停止。

◆ 参与团体活动的主动性

主动性是小朋友在一般幼儿园必备的条件，因为不可能有老师可以时时刻刻都盯着孩子，在他没动机时带着他做每一个动作。如果有多出的人力，老师才有机会引导孩子；人力不足时，没主动性的孩子可能就会被放在一边。然而，接受过疗育课程的孩子，通常都习惯大量的协助与提示，当他衔接上幼儿园又无法处处依赖老师时，不会主动参与就无法达到学习效果。

◆ 师生比例低

一般幼儿园里师生比例低，一个班级可能有十几到二十几个学生，再加上一两位助理老师，能协助特殊孩子的时间及精力有限。我们都知道特殊儿童的学习情况不同于一般孩子，在情境中越能立即引导孩子，在他大脑中的联结会越强，印象会越深刻。但是因为班级人数多，老师需要顾及每个孩子，有时候不好的行为已经发生，甚至已经发生很久，老师如果没看到前因后果，很难正确判断孩子的状况，要找到适当处理方式的机会就很小。

师生比例低也会出现另一个问题，就是孩子如果已经习惯了以往在疗育课程中的一对一教学，他很有可能会需要老师密集的关注、密集的称赞或增强。但是在教室里，老师不会给予密集的关注，有些孩子就会开始出现行为问题，好比用不适当的方式来引起别人的注意。所以在送孩子去上学之前，必须让孩子在自然环境中学习面对一般人的反应。

一般孩子的反应

我们不只是要对一般教室发生的事情有基本的认知，我们也要知道一般小朋友平时会做出的反应，这样才能帮助孩子学会适当地回应。这很重要，因为如果我们有正确的认知，就能理解不是单纯把特殊儿童跟其他儿童放在一起，他们就会自己互动起来。

一般孩子是这样：

◆ 互动时需要得到对方的回应

同学如果来找孩子玩、问孩子问题，但孩子不是没反应，就是不愿意配合同学的玩法，一直有自己的坚持，那么时间久了，同学就会觉得无趣，也不会再来找孩子玩。

◆ 喜欢跟有共同兴趣的人相处

人与人之间要有共同点才容易聚在一起，小朋友也是一样，他们喜欢找跟他们有共同兴趣的小朋友一起玩。如果我们的特殊儿童跟同学之间没有相同的兴趣，就不会有共同的话题，自然而然地就不会玩在一起。

◆ 排斥与众不同的孩子

有些特殊儿童会有一些怪动作、怪习惯甚至怪声音，容易让其他同学对孩子产生异样的眼光，想避免都避免不了。孩子自然而然就会被其他的同学贴上标签，这些情况都让人心疼，却又是很真实的。

4　孩子准备好去上学了吗？

　　我们只要进入幼儿园参观过，一定会发现班上小朋友都有几项必备的能力，这些能力，不仅是老师对学生的期待，也是帮助孩子融入学校生活、得到最大收获的基础。以下我列出几项一般孩子都会具备的基本能力，家长可以检视一下自己的孩子在哪些方面需要特别加强。

学前先备技能

◆ 专注和观察力

　　一般的孩子有时都会有专注的问题，更何况是特殊儿童。他们的专注力更为短暂，视觉上无法看得久，听觉上也很难把信息听完，因此影响到他们观察的能力，包括环境的变动、小朋友在社交时的互动，还有老师的教学。平时父母就可以帮孩子加强这些能力，引导孩子在做每一件事时都只专注于目前的事物。当环境有改变时，引导孩子去观察变动的人、事、物，也就是教孩子透过听和看来察觉环境中的变化。

沟通能力

◆ 听从指令

老师在教室给的通常都是一连串复杂的指令，小朋友除了要都听懂以外，还要能全部记得。另外，还需要在有那么多环境干扰的情况下，把每个指令都执行出来，这的确有一定的难度。我们通常会看到的现象是，孩子要不是只接收到部分信息、其他的没接收到，不然就是做一个忘了另一个，又或者是他根本不知道老师叫的"小朋友"其实也是在叫他（有一些孩子只对自己的名字有反应）。家长在家中让孩子学习听指令时，不仅要有多次的练习机会，还要经常运用不同的说法、拉长距离来教他，提供多样化的指令，这样孩子才更能够理解老师给出的指令。

◆ 模仿

模仿是学习能力的基础，无论是课业上的学习或是同学之间的社交技巧，都需要透过模仿才能学会。举一个上课的例子来说，如果课程内容需要孩子完成一个劳作或操作教具，老师会先示范教学再请学生模仿。有时候老师一次示范一个步骤，也有时候老师会一次示范好几个步骤，若是孩子没有模仿能力，或是专注力短暂，只看到某个步骤但漏掉了其他的，那么学习的效果一定会因此大打折扣。模仿同学也是一项很重要的学习技巧，孩子看到其他孩子在玩，比如有小朋友正在玩家家酒，这时候如果孩子也能跟着一起模仿同学切菜、煮饭，或是邀请其他孩子加入，那么就很有可能引发互动的火花，更有机会能玩在一起！

◆ 表达需求

很多特殊儿童缺乏表达的能力，当他们不能完整表达自己的需求时（例如饿了、渴了、想玩某个玩具或想去哪里等），别人不知该如何安抚或满足他，孩子的情绪也会跟着显现出来，造成老师的无奈与困扰。在入学前，先帮孩子建立一些基础的表达能力，无论是透过口语、手势或是图片的形态，重点是让其他人能理解孩子的需求，减少情绪爆发的概率。

◆ 互动式语言

在老师的教学过程中，为了要确定学生上课是否理解了教学的内容，老师常常会丢出一些问题让学生回答，或是在活动中说出学生熟悉的童谣、教学内容，让学生接话。这些都需要有来有往的互动式语言，也就是一人说一句、另一人回应一句的能力。

在入学之前，爸妈可以先教导孩子一些简单的应答，除了让孩子学习注意别人说话的内容之外，还能同时学习与人互动。有些孩子累积了足够的这类经验，便可能进一步与其他人有更复杂的交谈。

社交技巧

◆ 与同学互动

家长都希望孩子进入校园就能跟其他孩子打成一片，交到好朋友，但是结果往往会发现我们的孩子很难融入人群。有时他们会躲在角落自己玩自己的，或是有小朋友来跟孩子说话时他没反应，小朋友觉得无趣就不会再来找他玩了。也有一些孩子很渴望友谊，但是却用了不适当的方式接触别人，让其他孩子感到不舒服甚至想要逃避。准备上学的一项重要目标，是让孩子懂得如何跟同学互动，这包括主动跟同学互动、对他人有反应、参与游戏、以适当的方式跟同学相处等，孩子有了基础的社交能力，他才会在人际关系上更有自信。

这些举动很吓人

有很多孩子其实很想接触其他孩子，虽然出自善意，但是有时因为他们表现出来的行为不适当，往往会把其他小朋友吓跑。一些我们看过会让人害怕的行为包括戳别人的眼睛、

闻别人身上的味道，或乱摸别人身体等，在很多学龄前孩子身上都出现过。当然也有一些孩子表现得不会那么过头，只是仍会让人不知该如何是好。

乐乐就是这样的孩子，他的口语能力相当好，也很会玩假想性的游戏，因此跟其他一般孩子在一间教室里，不会让人觉得他们有太大的差异。不过乐乐倒是有自己的一些偏好，比如他很喜欢时钟和手表，最近也迷上了戴眼镜的路人，常常会拿这些话题来跟别人分享。听起来乐乐是个喜欢接触人的孩子，但实际相处下来，可以观察到他与别人的互动有点奇怪。就像是有一次我去他的学校看他，当我一走进教室，乐乐就走向我，没头没脑地冒出一句"路上的阿姨戴眼镜"，接着又去触碰一个他没有见过的老师手上的表，让那位老师顿时不知所措，由于我们都很清楚乐乐的特质，所以可以接受，但如果换成是不认识乐乐的人，恐怕会觉得他的行为很唐突。

行为及情绪

◆ 团体规范

印象中学校老师在讲故事的时候，小朋友都可以坐在地板上，专心地把故事听完，但是我们的一些孩子不太能安定坐在一个固定范围内，他们会到处游走，或是无法参与活动。他们缺乏对团体规范的认知，及自我行为管理的能力，特别是当孩子以往只有一对一的学习经验时，会很难适应团体的教学方式。家长平时可以多让孩子练习在不同环境中该有的表现，从日常生活作息开始，无论是在家里或是外出时的基本规范，帮孩子定出一些原则并持续执行,练习的次数累积多了,有助于提升孩子对于规范概念的理解及执行的稳定度。

◆独立完成活动

孩子是不是常常在执行活动时都只能做一部分,无法持续地将一项活动完成?把一项活动从头做到尾,是孩子在学校必须具备的能力,因为老师给学生一项任务时,都会期待学生能在最少的协助下自己完成。如果孩子缺乏持续度,先检视孩子的困难点,到底他不能持续执行一项任务是出自什么原因呢?是因为这项任务需要一定的精细动作能力,但是孩子欠缺小肌肉的力量?还是因为孩子对这个活动不感兴趣,所以无法投入?又或者是他不理解老师交代的内容,因此不知该从何做起?帮孩子理清了原因,才知道该如何协助他。

> **不是不做,是不懂得怎么做**
>
> 在一次团体活动中,老师分享了一本绘本,故事里,鳄鱼先生是个美发师,他想要帮小鸟染头发,老师利用这个情节,让小朋友把自己当作美发师,请大家用彩色笔将纸做的小鸟涂上颜色。小将照着老师的指令开始着色,没想到涂到一半彩色笔就没水了。但小将并不理解发生了什么事,他只是一直尝试着色,却不知道这时应该向老师寻求协助。一段时间过去了,他还是画不出颜色,最后因为受挫而只好放弃,

作品也就搁在一旁。

接下来的步骤，老师请各位小小美发师将已经画好线条的纸剪成条状，再用笔将纸条卷起，就像把头发烫卷一样。这时候，小将拿起剪刀开始"剪头发"，但是因为他不理解老师给出的规则"把全部的头发剪完"，也就是剪下每根画了线的头发，他剪了几根就以为自己剪完了，于是就停了下来。这个例子让我们看到，孩子有可能因为一些能力上的限制，而无法自己独立完成活动。

◆ 如厕

有一些幼儿园希望孩子在入学前就能把如厕能力训练好。如果孩子年纪还小，一般老师都会帮忙如厕训练。但如果孩子已经是中班的年龄还包着尿布，那么家长就很难要求老师在管理教室和教学的情况下，还能按时帮孩子换尿布。所以如果你不想要孩子有尿布疹，就赶快开始训练孩子如厕的能力吧！

◆ 无干扰行为

一般的老师都注重教室秩序和管理，如果孩子有很多干扰行为，那么他一定会成为老师眼中的头痛人物。我们常常为一些特殊孩子感到心疼，因为他们的行为问题其实是可以改善的，但是如果在还没准备好之前，因为父母心急就把他们送去学校，让这些行为成为孩子的负面标签，甚至遭人排挤，那就真的太可惜了！

◆ 稳定的情绪

特殊儿童常常会有一些莫名的情绪，这些情绪有可能来自需求没有满足、过度受到环境中的刺激或是受到挫折等。若是孩子能在短时间调控自己，或是情绪容易被转移，那么一般的老师还能处理。但是如果孩子爆发的次数过于频繁，或是容易引发其他激烈的反应，通常老师就无法招架，很多的孩子会因此被学校"退货"。

5　孩子的疗育规划与比例

看了以上孩子接受融合教育必备的能力，家长可以先检视一下目前帮孩子拟定的疗育规划，从与治疗师的沟通中，深入了解孩子正在进行的各种课程，再去分析这些课程是否朝着准备接受融合教育的目标进行。

这个步骤很重要，因为在疗育体系里这么多年，我发现有一个我们欠缺的关键点，亟须持续努力克服，那就是疗育无法与孩子的生活结合。说明白一点，就是疗育做疗育的、学校做学校的、家庭做家庭的，大家各自努力，却无法整合。最后的结果就是疗育课程学到的东西，孩子在自然情境中展现不出来，无法应用到学校环境或日常生活里。

把握学龄前的疗育机会

孩子在不同的年龄阶段，需要优先考量的目标也不同。当孩子年纪还小时，建立基础能力应该最为优先，多花一些时间着重在治疗上效果最为显著，这时候密集的治疗是有必要的。然而这方面只能仰赖专业人士，因为在融合的教室里，老师毕竟不是这方面的专业，还需要顾及其他孩子，就算曾经接触过同类型的特殊生，仍然无法以个别化的方式加强孩子所需要的能力。

如果孩子已被诊断出是特殊儿童，请记得要把握学龄前的这段时间，千万不能只送孩子去幼儿园而放弃疗育的机会。学龄前的疗育资源很丰富，可以针对孩子的需求，帮他们加强沟通、社交、认知、行为管理等能力。入小学后就没那么幸运了，资源不但变少，还要加上课业的压力，原本在幼儿园看到的孩子与其他孩子的落差，在这时也更为明显。在这里要提醒家长审慎评估疗育的需求，加强孩子的基础能力，再来就是和孩子的治疗师们合作，设计学习的目标要涵盖孩子在学校所需的能力。

以渐进的方式衔接融合教育

一旦孩子具备了一些基本能力，家长可以开始安排孩子在学校融合的机会，建议采用渐进的方式进行，也就是可以先从几个半天开始。这样的做法，一方面是能让孩子慢慢适应；另一方面是在融合教育时可以持续观察孩子的状况，以孩子在学校的表现来决定疗育与融合的比例。

我们对孩子一般的观察期是三到六个月，在这段时间，如果孩子在学校融合有困难、进步的幅度不大，那么疗育课程就不能减少。要记得，疗育对于学龄前的孩子来说，应该还是孩子在学习上的主轴，重点是要将疗育与自然情境结合。

当然，如果孩子在这期间有明显进步，家长可以开始调整疗育与融合的比例。但是我们还是建议不要立刻完全停掉疗育，因为就算孩子适应良好，还是需要持续观察，如果能力上还是有些微落差，但进步的幅度慢慢减缓，落差仍然可能越来越明显。

有很多接受疗育课程的孩子都是高功能的小朋友，在语言沟通、认知能力上都没有太大的问题，但是他们在幼儿园里还是会出现状况，其中包括了情绪、行为、理解力、人际互动等。疗育一旦停止，如果这些状况又开始涌现，那么这时候家长想要回头排疗育课，很有可能因为课程难排而要等上好一阵子，不仅耽误了孩子的时间，还会造成家长额外的困扰。

第 二 部 分

如何选择幼儿园?

现在父母有很多选择，无论是才艺班、早疗课或幼儿园，五花八门的课程与学校令人无所适从。到了某个时间点，家长就开始思考是否要将孩子送入幼儿园。

在做选择之前，家长需要先做一些功课。第一步，也是最重要的一步，就是了解孩子的能力：分析孩子现下最迫切的目标，评估平时帮他加强的练习与课程有没有效果。一旦孩子准备好了，接下来，就是实际去认识不同种类的幼儿园。认识不同的幼儿园需要时间，从开始找、询问别人的意见、自己亲身去了解，到最后比较跟分析，都需要花时间，因此建议家长千万不要等到最后一刻才开始。好的幼儿园不好找，更不容易排到，宁愿提早开始准备，也不要到最后才发现理想的学校已经没有名额了。

1　幼儿园有哪些类型？

公幼还是私幼？

我们一提到幼儿园，脑子里所浮现的第一个选择："要去私立幼儿园还是公立幼儿园？"家长只要是在网络上搜索过，多多少少听过这两者的优缺点。家长彼此的经验分享都很相似，我们发现家长关注的重点都环绕着设备环境、学费、餐点、学习的理念、教学内容或是方便性。这些资讯的确都能在网络上轻松找到，但是很少有人谈论老师的背景，也就是师资，这个话题虽然最少人谈论，却又是最该被谈论的。

以我自己的例子来说，我曾经在美国担任了好几年的特教老师，而在取得教师资格之前，我们必须经过一套完整的训练，从认识孩子的发展开始，对他们成长的任何一个环节都需要深入了解，再从实务中来学习如何与孩子互动、设计课程。这一切并不是短时间就能掌握的技巧，而是需要长时间的实习和进修，才能考取教师资格。

正因为自己曾有这样的经历，我深深体会作为一位老师不是件简单的事，做任何事都要求专精，那么教育也必须要求有一定的专业程度。既然教育孩子是这么重要的事，那么我们就需要考量到老师的专业度。如果老师不够专业，孩子若是在学习上出了状况，老师比较难分析为何孩子没有进步，因而较难采取适合孩子的教导方式，他们只能自己摸索，看看哪种方式有效，不过在这个过程中往往也浪费了孩子宝贵的学习时间。如果老师的专业训练不足，便会无法面对教学的困境，如果再加上环境中没有人可以提供支持，种种的困难就会成为孩子接受融合教育的阻碍，降低融合的成效。

我们看到，有许多幼儿园标榜自己是全英语学校或是国际学校，但并不是政府立案的合格幼儿园。其中有许多园所其实是立案为补习班，他们宣称老师都是"相关科系"毕业的，但实际上却不具备幼教师或教保员资格，这样对孩子是不理想的。尽管这些老师都很有爱心、耐心、同理心，但是这些只是身为老师该有的基础条件，跟老师的教育专业并没有绝对关系。

另外一个必须要提到的关键，是老师对特殊生的辨识度。如果孩子还没经过诊断，有些老师能察觉到孩子在发展上的确与其他孩子不同，提出哪些小朋友可能是特殊生，再交由鉴定委员会判定。家长要特别注意，每个地区的规定不太一样，例如：台北市的疑似生算是个案，也就是需要写个别化教育计划（Individualized Education Program, IEP）；新北市的疑似生不算是个案，但还是可以接受特教服务。因此爸妈要去了解自己所在地区的运作方式。老师有辨识度，能察觉出孩子的特殊需求，便能帮孩子把握机会申请到协助的资源。但是家长也需要注意，有些私立幼儿园的老师并不会主动提出，或是不主动告知家长孩子可能有状况，原因是不想被外人介入教学，因此选择幼儿园时，如果爸妈能先去了解幼儿园是否曾经申请过巡回辅导老师（更详细的说明请见第 50 页），或是他们申请的意愿如何，对孩子应该会大有帮助。

要选择公幼或私幼，我认为是没有标准答案的。家长考虑的重点，应该放在老师是否具有合格教师的资格，合格教师代表具有一定的教学知识，再来就是老师是否遵循教育部门的规定，持续进修与特教相关的课程，以及学校是否愿意帮孩子申请资源。

以上几点都需要爸妈仔细确认，是选择幼儿园时最基本的条件，也是不可或缺的架构，有了这些条件，之后再考虑其他的元素。

一般幼儿园的教学类型

幼儿园的名堂很多，标榜的教学形态也那么多，到底要选择哪一种才好呢？其实只要是一些目前广泛受到讨论的类型，通常在教育界都有一定的历史、发展背景及理论基础，这样才能延续到现在，也就是说，我们目前在市面上常看到的，应该都不会有什么太大的问题。以教育学者的角度来看，每种教学形态着重的点不同，对于孩子学习内容的优先顺序也有不同见解，但只要是遵循孩子全面性的发展，不是强迫孩子只偏重某方面学习的，都是可以纳入考虑的。接下来就是，爸妈要在这么多不同类型的教学法中，选出想要给孩子的学习环境。我发现，一般家长如果没有深入了解，是很难分辨的。以下列出最常见的几大类型，提供给家长参考。爸妈需要特别注意的是，这里只有一些基本的介绍，每间学校和老师都有个别差异，还是需要实际去了解才能下判断。

◆蒙特梭利幼儿园

蒙特梭利幼儿园，是用生活化的方式教育孩子，其中的理念是尊重孩子为独立的个体，让他们自由做选择，从中发掘孩子的潜力。老师提供很多元的教具让小朋友操作，孩子可以在生活中学习，同时累积经验，并从过程中学习自律、主动、发展自我人格。这种学习环境的优势，就是能提升孩子的精细动作能力、生活自理能力、专注力、执行同一个活动的持续度，以及独立性。如果曾经看过蒙式的教具，通常都会觉得这些教具很吸引人，每一项教具都有各自的教学目标与特定的操作方式，但是相对地，它缺乏弹性，孩子较无法从学习中发挥创造力。

有一些教育专家认为，虽然蒙式强调尊重孩子为独立个体，让他们自由选择，但是如果孩子已经习惯任何事都有主导权，当他们进入小学时，一开始会很难适应要听从老师的模式，在这个时候往往会出现情绪跟行为问题，甚至会排斥上学。另外，如果孩子有自闭症，他的特质之一就是自己玩自己的，那么，大部分的时间把他放在一边，让他自己操作教具，不但会减少孩子跟别人互动的机会，也同时会降低他参与团体活动的动机。

◆ 主题式教学幼儿园

这一类型的幼儿园是以教学主题来作为课程的主轴，选择这些教学主题的方向是与孩子的生活经验相关，从这些主题来导向孩子需要学习的能力。这些教学主题会与不同的学习区做结合，其中可能会包括美劳区、科学区、语文区、益智区、积木区、装扮区，借由这些学习区让孩子探索及独立工作。老师会提供一对一教学，也会让几个小朋友一起学习、互动，除了丰富孩子的知识体验外，还能激发孩子自主学习与解决问题的能力。

如果曾在网络上搜索过，会发现对于主题式教学的评价大多数提到的都是优点，好比对于许多害羞或较敏感的孩子来说，如果碰到孩子有兴趣的主题或是学习区，他会比较有意愿参与，也能借此提升孩子对环境的适应力。我个人对这种方式的教学很喜欢，原因是：

1. 这些主题跟孩子的生活相关，透过这样的学习能与生活做联结。
2. 老师会花一段时间在一个主题上，并从不同的角度（学习区）切入，这样的学习是较深入的学习，不是表面功夫而已。

◆双语幼儿园

每一间双语幼儿园都不同，有些是全程都用英语教学，有些只有部分时间用英语教学。每间学校的师资不同，有些学校专门招聘外籍教师；也有学校只有部分教学是由外籍老师来负责，其他时间是台湾本地老师来教；还有一些学校全程都是台湾的老师教课。通常家长选择双语学校，是为了让孩子加强外语能力，也许本来就是双语家庭，也或者这是家长自己的期待。但无论原因如何，以我自己在国外求学的经验来看，既然要学语言，就要学正统的，如果是我自己为孩子做选择，一定是选择外籍老师，毕竟他们的表达方式、文法、语调才是最标准的。

在双语幼儿园学习有它的优点，我们接触过一些特殊孩子，对外语的反应比中文好，他们喜欢英文字母，听过别人说话也很容易模仿，这样的环境会让这些孩子更有意愿与他人沟通。也有一些家庭正在计划移民到国外定居，尽早让孩子接触外语，确实能帮助孩子在新环境中提升适应力。相对的情况，双语的环境对某些孩子来说会造成阻碍，如果孩子本身在语言方面的发展就比较迟缓，那么在这个阶段学习双语只会造成孩子混淆，不但无法学好两种语言，很可能连母语都会受影响。再来就是孩子的疗育，在台湾大部分治疗师都只使用中文，如果孩子还是要持续接受疗育，那么学习中文应该是目前的首选。

◆ 综合型

为了满足家长的需求，现在也有很多幼儿园采取综合式教学，也就是什么教学法都来一点，一所学校可以包含一点点的蒙式、一点点的主题式教学，外加上个英文课，感觉这样的刺激多元，孩子该上的都上到了。但是这样到底好不好？其实还是要由老师的专业度及孩子的学习进度来决定。有些孩子在这种多元刺激的环境下确实学到很多，也因为有变化，让孩子觉得新鲜，学起来也更有动机；另外有些孩子没办法一次吸收这么多不同的刺激，尽管接触得多，但是每种都只是学学表面功夫，看似都在学习，事实上却不精熟。所以在评估幼儿园适不适合孩子之前，尽量不要被表面的"多元""多刺激""多变化"这些噱头影响判断，而是要以孩子现阶段的需求为优先考量，选择符合需求的学校。

特殊教育的选择

◆ 特教幼儿园

现在很多公立小学都附设幼儿园，主要是以普通班为主，当然也有一些学校会有特教班，让持有身心障碍手册的孩子可以就读。特教班的老师都具有特殊教育的背景，对特殊孩子有一定的认识，课程也是针对孩子需要学习的目标设计的。在特教班的每个孩子都会有自己的个别化教育计划，老师能帮孩子设定符合孩子需求的学习目标，教学步调能根据孩子的情况做调整，运用适合特殊儿童的策略来协助孩子，课程内容也是孩子需要练习的能力。特教班的师生比高，老师较能掌握每个孩子的状态，在亲师沟通、合作上较容易进行。另一方面，在特教班里，班上同学的能力可能都不同，也许会遇到能力弱或肢体有限制的孩子，如果班上没有条件相近的孩子，很可能就会缺少模仿及互动的对象。

在特教班里，老师会运用对孩子有利的方式引导学习，并提供适当的协助，而有些特教班也会运用结构化教学（在学习环境中，包括活动、时间表、硬件设备或摆设，都运用视觉提示的方式，来引导孩子学习）的概念。目前许多研究都发现，结构化教学对特殊儿童是一种非常有利的学习环境。在设备摆设上，老师将教室的空间用不同的家具规划出适当的动线，孩子能在低干扰的情境下，学习在不同区域范围内该有的表现。例如，运用颜色鲜艳的胶带让孩子知道排队的队形，或是放置地毯让孩子学习坐在特定的范围内听故事，这些视觉提示能让孩子清楚理解，自己在什么地方就该做什么事。

结构化的活动，是活动中包含了明确的起头与明确的结束，像是操作性的教具，只要能让孩子知道什么时候该开始活动、什么时候算是完成活动，都可以纳入结构化的教学。结构化的时间表也是透过视觉的提示（可以是图片或字卡），来标注活动的流程，比如一进教室要做的事情，从换上室内鞋、放书包、放水壶、交出联络簿等，以图片方式呈现，放在孩子可以看到的地方。时间表上的图片也可以贴上魔术贴，做好后将图片移至"完成"的位置，体验完成活动的成就感。

结构化教学的优点，是能以视觉辅助让孩子明确知道要做什么、在哪里做和做到什么程度，这种具体的提示能让孩子预期接下来会发生什么事，进而稳定孩子的情绪。另外，这些提示较能使孩子理解正在学习的内容，孩子能理解，就会有较多的成功经验，相对地，孩子的挫折感就会减轻。而结构化教学法的缺点是，有些孩子习惯这种模式后，会变得固着，很难有弹性，在没有视觉提示的情况下较少表现出主动性。因此需要老师有技巧地慢慢减少图片的使用，促进孩子的主动性，不然很有可能会造成孩子的依赖。

◆ 到普通班上融合

基本上，在特教班上课的孩子并不会到普通班去上融合课程，但是有很多家长因为还是期待孩子能有机会融合，会与老师讨论是否有可能性。在老师的评估下，根据孩子的能力，由 IEP 来决定哪一门课可以到普通班尝试融合，再以渐进的方式融合，时间慢慢拉长，如果孩子适应良好、不干扰其他同学，在老师人手足够的情况下，融合的科目可以再慢慢增加。

如果在公立学校能有融合的机会，加上特教班老师可以入班观察孩子的表现，那么很大的好处是，有专业背景的老师能直接看到孩子缺乏的能力、在普通班级里是否真的能跟同学一起学习，让家长更明确这样的选择是在帮助孩子，还是在浪费他的时间。

◆巡回辅导老师

无论你是在公立还是私立的学校，都可以请校方协助申请巡回辅导老师，这位老师主要的角色，是定期入班观察孩子、提供特教相关信息给家长和老师，并与老师讨论出在班级里可以协助孩子的方案。另外一点，只要有巡回辅导老师入班，就需要写 IEP。家长自己要特别注意，每个地区对于由谁来写 IEP 有不同的规定，例如在台北市幼儿园是由原班老师写、在新北市幼儿园则是由巡回辅导老师写。IEP 的目标与实施的方式，是由巡回辅导老师跟原班老师一起讨论制定，至于目标是否达到，也是由双方老师讨论决定。

针对巡回辅导老师这个角色，我们听过很多说法，有些人认为巡回辅导老师久久才来一次，而且有些巡回辅导老师不常接触孩子，只在一边观察，因此看到的状况很片段，无法提供完整且有帮助的信息给班级老师。当班级老师和巡回辅导老师站在不同角度看孩子，又无法达成共识时，有可能会因为意见不同，各做各的，导致巡回辅导老师无法发挥真正的功能。当然也有一些巡回辅导老师和班级老师有很好的合作关系，使孩子从中受益。我的看法是，这是政府给家长的资源，能够有多的人手关注我们的孩子、协助家长，都是好事情。

2　选择幼儿园时必问的问题

选择幼儿园没有对与错,重点是放在孩子的身上,这环境是否对孩子有利?孩子现有的能力,是否足够他在幼儿园吸收老师所教的?哪一种选择对孩子来说,目前是最有意义的?以下是家长在选择幼儿园时,几个必须要询问校方的问题,这些问题关系到孩子的整体学习,以及环境中可提供的资源,家长在做决定时,应将园所的回应纳入考量。

问题1:学校的教学理念

教学理念是带领老师教学的主要方针,学校重视的是什么,教学的重心就会放在那上面,就好比有些学校重视课业的学习,因此在教室里一定会看到老师教导学科相关的内容,最常见的包括识字、书写、数学概念或其他知识类的内容。也有些学校在意的是孩子的品德,教学会着重在孩子本身对事情的态度及行为、人与人相处时该有的礼节与相处方式上。另外还有些学校看重多元的刺激，会引进最新、多变化的教材来作为教学的主轴。

家长想要真正了解学校的教学理念，需要实际去做些功课，上网看看其他人的分享只是初步对学校的认识；透过学校的网站，观察一下平时老师的上课内容及活动也会有所帮助。当然最理想的状况，就是直接去找园长聊聊，谈话中可以清楚知道校方的理念，他们在乎的是什么、花时间在什么教学上、希望家长能做到什么等。如果还想进一步了解，家长可以与校方沟通，看看是否有机会入班观察或试读。在这里提醒家长，每间学校的教学理念都有所不同，没有所谓哪种"绝对"是最好、最重要的，爸妈反而要问问哪一种是自己能接受且符合自己理念的，有了共同的理念，在教导孩子的这条道路上，才能与老师合作。

问题2：师资及与特殊儿童的相处经验

前面已经提过我对于师资的重视，当然我们也听过有专业背景的老师不一定有爱心、有爱心的老师不一定专业，但是在还不能判断老师是不是真的对孩子用心、有爱心前，我认为合格师资是选择老师时最基础的条件，至少在教学上有一定的品质，对幼儿的整体发展也认识更多。关于师资方面的问题，家长在与园所沟通时，除了询问老师的背景之外，也可以多了解老师任职时间的长短，或是否进修过特教相关的学分课程。这个问题很重要，因为有些老师很少接触特殊儿童，如果他们又没有合格的教师资格，就更不知道该如何引导我们的孩子了。有些老师很用心，知道自己的不足，同时因为在工作上也正好有这样的需求，会积极进修特教相关的课程，学习能增进对特殊儿童的认识，这样多多少少对我们的孩子也有帮助。

另一个也很重要的问题，是要问清楚老师是否有与特殊儿童相处的经验，有无这方面的经验是考虑的关键。我们都知道我们的孩子不好教，除了在学习上速度缓慢、需要大量的协助以外，还会不时有情绪或行为问题，如果没有接触过特殊孩子，在相处上一定会出现问题。好比我们有很多高功能自闭症的孩子，在学习上没问题，看起来跟一般孩子也没有太大的差异，但是他们缺乏人际互动的技巧，经常惹毛同学和老师。如果老师不清楚这其实是孩子的特质，对待他就如对待一般孩子一样，那么就有可能给孩子的心理层面造成阴影。所以家长必须多询问校方对于特殊儿童的认识，是否曾经接触过？面对特殊儿童，如果遇到老师无法处理的情况，园所是否有资源可以协助老师？这些资源又会是什么？

从校方举出的例子当中，大概可以知道老师对待特殊儿童的方式与态度。

擦了半年桌子

慧慧是个有泛自闭症的孩子，特质很明显，不会主动与人互动，对自己不感兴趣的事物也缺乏专注力。半年前慧慧的妈妈帮她找到一间幼儿园，这间幼儿园是出了名的好学校，老师都很好也很有耐心,对特殊儿童也很包容,妈妈认为自己找到了宝,每天都开心地送孩子上学去。

半年过去了,这期间妈妈一直都与老师保持良好的沟通,也从慧慧的正向情绪表现中,猜测她在学校应该适应得很好。直到有一天妈妈忘了帮她准备水壶,送去学校时,发现班上的同学都围在老师面前听老师说故事,慧慧却在教室的另一头拿着菜瓜布擦桌子,一边擦一边笑,看似很开心地重复做着同一个动作。妈妈问老师,慧慧为什么没有跟大家一起听故事,她擦桌子又擦了多久?老师的回应是他们尊重孩子为主体,如果她选择擦桌子,就要尊重她的想法,也因为学校老师的理念就是重视她的人权,所以慧慧这样的行为已经持续快六个月,只要老师不刻意阻止或引导她,慧慧都可以自己在一旁擦桌子擦上好几个小时。

如果对自闭症儿童有一定的认识,那么就会清楚慧慧的这个行为,与自我刺激或是固着行为相关,这时候要优先考量的不是选择"尊重"她,而是要能辨识出这些行为可能会影响慧慧的学习、干扰到她参与教室活动,并拿捏在什么时机适当引导,这样才不会浪费孩子的学习时间。换句话说,老师对孩子行为的辨识度很重要,怎么解读孩子的行为会直接影响老师采取的方式。

问题 3:对于行为问题的处理方式

我们的孩子多少都会出现一些行为问题,就连一般发展的儿童也会,但是每位老师对这些行为的解读方式不同。有些老师轻松看待孩子,认为这只是孩子成长的必经过程;也有一些老师会仔细观察孩子的状况,耐心地找出原因,再尽可能帮助孩子。当然也会有一些处理不当的例子,好比严厉的处罚,像是把孩子关在一个房间、一次把孩子隔离半个小时到一个小时、不让孩子上厕所等。我建议家长在与校方讨论时,多询问管教方式,了解老师在什么情况下会管教、处罚,以及程序是什么。好比当学生被隔离时,是在哪里被隔离?隔离时老师会陪在身旁还是让孩子自己一个人?时间又是多长?我们要多听这些信息,也要多消化,想想看这些方式自己是否能接受,或是与自己的管教方式相不相符。我们发现,老师在面对孩子的行为问题时,采用什么方式处理,对孩子的发展和后续的学习有绝对的关系。

我们不能依赖老师对每个孩子都能够深入了解,只能靠家长在入学前先询问校方对于行为问题的处理方式,透过父母自己对孩子的观察,再去判断这些方式是否会带给孩子负面的影响。

那一间黑黑的恐怖房间

幼儿园里的芬芬老师有一个她很重视的原则,就是在上课的时候,如果小朋友的行为影响了别人,在老师劝说下还不改善,就会被老师带到一个房间去"休息",也就是我们常听到的"隔离"。在国外,以正确使用隔离的方法来看,隔离的定义是中断孩子喜欢的任何事物或活动,如果要把孩子带开,通常会建议带到教室角落,让孩子还能持续观察上课的流程,只是不能参与。这样的做法是考量到孩子的学习,不要因为隔离而丧失学习的权益。另外,隔离的时间也是个关键,时间拉得越长就越没有效用,所以通常都是在几分钟之内,就让孩子再回到他的座位上,与同学一起上课。

有一回,班上的小杰在上课的时候开始捣蛋,芬芬老师

看到其他的孩子受干扰，一起跟着小杰起哄，为了掌控秩序，芬芬老师只好带小杰到"隔离房间"去休息。这间隔离房间其实是间小教室，但是没有灯光，黑黑的房间让小杰非常害怕，他开始大哭起来，直到老师来接他回教室，情绪才平复下来。当天晚上回家，小杰妈妈发现小杰不敢自己进房间，就连睡觉时也不愿意关灯，一关灯就开始大哭。妈妈隔天抱着疑惑去询问老师，芬芬老师才说明了当天发生的事件，并解释这么做是因为这个方法对其他孩子很管用，是他们校方在孩子出现行为问题时，每位老师都会一致采取的处理方式。

这个例子告诉我们，每个孩子对惩罚的反应不一样，如果运用不当，很可能就会引发其他的副作用。就像在小杰身上，在事件发生后，他有好长一段时间对密闭空间和关灯都会产生恐惧感，让妈妈很困扰也很心疼，却又不知道该如何帮助他。

问题 4：申请资源的意愿

在私立幼儿园里，询问园所愿不愿意帮孩子申请资源，像是陪读或是巡回辅导老师，并不代表家长一定要申请这些资源，家长是有选择权的，可以等到觉得有需要再申请。决定权是在家长手上，请家长提出这个问题，其实是有好处的，家长可以从询问中得知园所对于特教资源的看法，他们是欢迎还是排斥。事实上，不是所有人都欢迎政府提供的资源。对有些园所的老师来说，在教室里多了个"外人"，总是会让人觉得绑手绑脚的，想要依照自己的理念来教孩子，还会担心这位外人是否会干预太多，没有帮助，反而给自己带来更多的困扰。

如果以考量孩子的利益来看，愿意接受特教资源的学校，大多数是以对孩子好为出发点，他们愿意敞开心胸，学习如何教导特殊儿童，同时愿意接受帮助，目的就是不要耽误孩子。总之，为孩子着想这样的观念绝对对我们孩子有利。另一方面，除了园所对于资源的看法及态度以外，在得知园所其实是有意愿的情况下，家长能在心里多个备案，也就是说，倘若孩子真的在学习上有困难，或是行为问题让老师无法处理，这时候能申请一些资源来协助老师，减轻老师的负担。我想，令我们最担忧的，就是那些不懂得如何教育我们孩子又不愿意接受资源的园所，这对孩子的权益会是一大损害。

问题5：与家长合作的模式

爸妈一定要做好心理准备呀！当孩子进入了幼儿园的体系，以往跟治疗师的互动模式都要抛在脑后，那些可以跟你畅谈孩子状况的奢华时间已经不再，千万别期待幼儿园的老师能每天花长时间跟你聊孩子、报告孩子的进度。我这样说，是因为曾经就有好几位妈妈来找我聊天，她们抱怨幼儿园的老师给家长会谈的时间很少，平常已经习惯在疗育课程之后，每次都能与治疗师花个二三十分钟讨论，现在进了幼儿园还要特别预约时间才可以深入讨论，真的让她们很不适应，也很心慌。

在这里我必须提醒家长，幼儿园本身就不是疗育课，学校能提供的协助无法像接受疗育时的品质，因为幼儿园的属性本来就不是个别化的，老师有整个班级需要经营，另外还有校务要处理。我们选择进幼儿园，就要接受这个事实，做好心理准备，面对新的变化学习调适，重新建立与老师合作的新模式。虽然家长与老师的沟通并不是常态性的，但是爸妈还是需要询问校方亲师沟通的频率、是否可以定期讨论、当孩子遇到问题可能有什么合作方案，以及学校希望家长参与的程度等。从这些提问中，不仅能更了解园所的价值观，同时也能让园所更清楚你的需求。

3　参观幼儿园

　　沟通是认识学校的第一步，不过它只是一个层面，除了听到一些信息之外，我们都希望实际看到的就如校方所说的那样，差异不要太大就好，因此参观上课情形就是一个可以让家长深入了解学校的指标。家长是否能参观必须先与老师沟通过，内容可以包括观察的时间长短、想看到的教学项目等，并要在取得老师同意的情况下再进行，千万不要勉强。当然，如果校方不愿意让家长参观，这也是要仔细考虑的一个环节，不愿意的原因是什么？我个人非常质疑不愿意让家长参观的学校，究竟有什么是怕人看到的？如果环境、教学真的那么好，我想应该巴不得让所有人都看到吧！除非校方有其他的考量，像是其他孩子的隐私权、怕干扰上课等，如果找到一个可以妥协的方法，还是有可能进行的。

　　参观时，家长不必带着孩子，因为你的目的并不是试读，而是先看看老师上课的方式、跟其他小朋友相处的模式、老师都在教些什么内容，从观察中感受一下学校的氛围。有些班级上，会有几位老师同时参与教学，如果园所同意，尽量把握机会观察老师的教学方式和观念，是否都能尽量保持一致、教育方式不会差异太大等。

要试读吗？

你知道自己要让孩子试读的目的是什么吗？有些家长的目的是想看看孩子在学校的状况、适应得如何，也有些家长其实还没决定要不要选择这个园所，所以想深入幼儿园，借由试读名义来观察幼儿园的实际状况。无论试读的目的是什么，都应该要注意以下几点状况：第一，先不要心急地要求孩子有跟其他孩子一样的表现，给孩子一点时间热身，让他先熟悉新环境，再引导他参与活动。第二，在试读期间，以不干扰老师的教学、其他小朋友为前提，就算孩子来找你，也避免与孩子互动，不然孩子会一直依赖你，很难与老师建立关系。

第三，就是对于试读要保持一个正确的心态，也就是要清楚知道，短短的试读看不出什么效果，不要预期在这几天里就能看到孩子学会什么，更不要以"孩子开不开心"作为你决定的一个指标。我们要知道，有很多孩子是第一次接触这种环境，没有显现出开心的情绪是很正常的事。另外，如果你的孩子属于适应力弱的孩子，他的哭闹也不代表这个园所不适合他，所以在试读前，家长要清楚试读的目的，不要被情绪模糊了焦点。

亲自了解再决定

有这么多的选项，到底该选哪一种？曾经有很多家长问我："袁博士，你也有小孩，你是怎么帮他选幼儿园的啊？"其实我很幸运，有一次正好一间公立的幼儿园邀请我去演讲，过程中认识了园长，跟他聊过后，我很认同园长的教育理念及引导孩子的方式，特别是他们注重品格教育胜于学业，于是我很快就做了决定。直到现在，儿子已经在那所幼儿园就读快三年，这几年来我很庆幸做了这个决定，老师的用心可以看得出来，他们花心思去了解孩子，也在儿子的成长过程中，扮演了很重要的角色。我的孩子喜欢上学，我也全然地信任学校的老师，这对我来说比什么学习都重要！

因此，无论是哪种幼儿园，不管是哪种理念，我认为"老师"才是最重要的，他们才是关键人物，所以爸妈务必亲自去跟老师聊聊，除了了解他们的教学理念外，还可以进一步了解老师的观念、对孩子的看法。有时候我会建议家长把自己孩子常发生的问题丢给老师，特别是当孩子出现恼人行为时，听听看他们会如何处理，从中观察老师的想法与处理方式。

另一个需要实际了解的问题，是幼儿园老师对孩子接受疗育课程的看法。我曾听很多的家长向我说，幼儿园的老师提到，孩子只在学校上几天课，其他时间去上疗育课，对孩子不好，他们认为这样会让孩子感到混淆、难以适应，甚至很难跟班上的同学建立友谊或互相学习。因此他们会建议家长以学校的课程为重，尝试说服家长放弃疗育。大部分这样的建议并不适当，而且很危险，因为除非孩子真的已经有足够的能力，能有效率地在学校自动学习，不然荒废了孩子接受疗育的黄金时期，其实是下了一个很大的赌注。如果结果并不是家长所预期的，想回头都难，在做这样的决定前，一定要经过审慎的评估。

第三部分

入学前要做的准备

孩子要去上幼儿园，就像是要踏入人生的另一个阶段，不仅是孩子，我们做父母的也是，在孩子的成长过程中，常常都有新的挑战在前面等着。我们对于帮孩子做的选择，因为无法预测会发生什么事，心里总是感到不踏实，生怕一不小心做错了决定，还要烦恼孩子在学校不适应、出现状况。我们常有一些复杂的情绪，一方面会担忧，另一方面看着孩子长大，要离开我们进入学校了，又是件多么让人喜悦的事。

1　一个妈妈的体验

身为妈妈，我能了解父母的心情与担忧。我的儿子 Aidan 从小就在我服务的"芙尔德早疗教育中心"跟我一起上班，他有自己专属的课程，虽然他是一般发展的孩子，我还是让他跟着其他发展迟缓的孩子一起上课，目的是希望他能学习同理、帮助别人。一直到他三岁，他的能力已经超越了其他的孩子，那时我觉得该是时候让他进入幼儿园了，于是就帮儿子做了安排。

爸妈跟孩子都需要适应

虽然他已有"上学"的经验，对于幼儿园的环境并不会不熟悉，但是毕竟入学后真的要与我分开，对他来说确实是一个新的体验。因此，早在开学的半个月前，我们就开始帮 Aidan 做心理建设，一点一滴地告诉他上学会是件多么好玩的事，他会交到很多好朋友（这是他非常渴望的），有多少很酷的玩具等着他去玩，跟他一起准备上课要带的用品，带他去学校参观。

第一天入学，我认为校方的理念很好，他们让家长带着孩子去学校认识老师和环境，还安排了闯关的活动，得到印章后还能领回一个精致的餐盒，我想公立学校能做到这样用心已经很不错了！正式上课那天，带 Aidan 去学校，他可能还没搞清楚状况，所以当天也没怎么哭闹，但是第二天开始就意识到上学会跟爸妈分开，开始出现一点分离焦虑的状况。接下来就开始抗拒上学，说什么不要我们离开他、学校好可怕，等等。而每当我带他去学校时，他就开始上演依依不舍的剧情，不是在马路上大叫说不要上课，就是苦苦地哀求我，到了学校还把拿出来放好的水壶再放回书包里。那时候我只好一直提醒自己要离开，不要再继续影响他的情绪。

我学会这样提醒自己，是因为曾经目睹过很多我教过的学生，他们都经历了类似的状况。孩子到了一个新环境，难免都要时间适应，而每个人的适应期都不一样，有些孩子哭一两天就好了，也有一些孩子要哭上一两个月。另一方面，做父母的其实也有适应期，大多数是跟孩子的情绪有关，如果孩子情绪稳定，家长就适应得快，但是如果孩子哭闹，家长的情绪也会被牵动。

学会坚强

当我是老师，站在另一个角度时，我常常会发现有一个现象，那就是通常家长的心脏都不够强，只要孩子哭闹，爸妈就赶来安抚。本来可以在短时间说再见的，到最后又延长了三分钟、五分钟、十分钟，拖得越久，阵痛期就会越长。我曾经遇到过一位家长，生怕孩子有创伤，于是在教室里陪他上课上了六个月，其实孩子是可以适应的，只是妈妈低估了孩子的能力，不愿意放手。另外几个我带的学生，状况比较不一样，他们是哭给妈妈看，妈妈在时哭个稀里哗啦，妈妈一离开孩子转身就不哭了，他们真的是一流的演员啊！

拉回来身为妈妈的角色，我虽然会心疼，也要学会坚强，除了不断地提醒自己以外，我继续跟儿子讨论上课的好处。不过我发现要是我把他纳入话题，他的焦虑感会加重，于是我利用了故事书来引导他从不同的角度看待上学这件事。有一次我选了一本绘本，是"母鸡奶奶晚安故事"系列里的《不上学的小斑马》，故事里的小斑马拒绝上课，黑豹发现他很多事都不会，差点要把他吃掉，Aidan听得入神，讲完一遍还要再听一遍。我看到他那在思考的表情，希望他能消化一些内容，反映在自己身上。

果真，才过了一个星期，Aidan 慢慢地开始从不哭到告诉我他喜欢上学，还说他交了两个新朋友！我在想，身为父母真的有很多做不完的功课和学不完的事，要一步一步完成，才能跟上孩子的脚步。但是有一件事我确信，就是不要低估孩子的能力，放手让孩子适应，陪伴他一起面对，这才是我们该做的事。

那么，到底有哪些事是家长可以帮忙的，能够协助孩子在进入学校前先做好准备，让他更能适应新环境？我在这里分享四大面向，提供给家长作为参考：第一是针对孩子心理、情绪层面的准备，第二是关于孩子在能力上可以做的准备，第三是帮孩子爱上学习的小技巧，这些都是不需要花太多力气又容易执行的，最后，家长自己本身也要做一些心理准备，毕竟这对父母来说也是需要调适的。请记得在努力的同时，还要体认到：尽管我们该做的都做了、该说的都说了，尽管想得再周全、准备得再完善，也不可能做出万无一失的规划。我们要不断地提醒自己，只要尽力就好。

2 帮孩子在心理、情绪上做好准备

爸爸妈妈可以假想一下，如果今天换作自己，刚搬到了一个新的国家，而那个国家的文化、食物都不是我们熟悉的，身边不但没有认识的人，其他人说的话我们也都听不懂，这时候心里是不是会感到有点不安、害怕？孩子也是一样，当他离开了原本的舒适圈，到了一个陌生的地方，单单这些不同的环境刺激，对孩子来说就是生活上的一大改变，这也难怪大部分的孩子在入学时都会有不安的情绪。这时候就需要爸妈提前为孩子做好一些准备，才能让孩子抱着期待及愉快的心情跨进教室的大门。

利用熟悉感减轻焦虑与排斥感

◆ 预告 + 看书

预告对很多孩子来说，是一种让他们可以做好心理准备的有效方法。在为孩子找幼儿园的时候，爸妈就可以开始陆陆续续帮他们灌输一些上学的概念，让孩子先从"听"的，来认识幼儿园的日常活动、老师的角色以及与同学之间可以做的事情。

透过"听"来认识幼儿园以外，还要给孩子一个"画面"，印象才会更深刻。坊间有很多特别为上学做好准备的相关绘本，内容呈现了一般上课的情境，像是老师要求小朋友做的事，或是小朋友在学校可能会发生的事，都是以轻松、有趣的画面来减轻孩子对上学的焦虑情绪。

预告虽然是可以帮助孩子做好心理准备的方法，但是在执行时必须拿捏好，不要过度使用。我就曾经见过几位家长常常运用"预告"这个方法，以为多预告对孩子会有帮助，没想到造成了反效果，特别是对于那些平时就容易焦虑的孩子，每时每刻都被家长提醒将要上学，反而会让孩子更焦虑。

◆ 让我们来角色扮演

除了上述的"画面"以外，还有一个可以让孩子对学校印象更深刻的方法，就是让他体验上学的感觉与氛围。这里分享一种游戏，就是透过角色扮演的方式，让孩子玩游戏的时候，接触在教室里有可能会发生的情境。爸爸妈妈不需要把这个活动想得太严肃，其实只要运用孩子现有的玩偶（当成班上的同学）、桌椅、画板，就可以营造出班级上课的场景。孩子可以当学生，也可以当老师，把亲子共读的上课情境演出来，用轻松的方式让孩子融入情境。从整理书包、围坐着听故事、跟同学一起玩，到最后下课跟老师说再见，这些活动都能让孩子更容易理解"上学"的意思，对于要上学的概念也较能接受。

◆ 熟悉环境及老师

新环境对很多孩子而言都是一大挑战，很多小朋友一到新环境就会不安，拒绝接受，开始闹脾气。这些新环境里有孩子不熟悉的人与事物，是孩子跨出第一步的阻碍。如果园所同意，在还没入学前可以先安排时间让孩子去学校玩，像是下课前的自由活动时间，或是小朋友等待家长来接的时间，都可以让孩子进入园所熟悉环境、认识老师及同学。适应新环境需要几次练习，一开始不必太密集，重点是每次去都要尽量营造好的体验，让孩子带着快乐的心情离开。

◆ 先有一两个好朋友

就像有些孩子喜欢带着自己的小被被、布偶一样，孩子都喜欢一些可以安抚情绪的小物或是熟悉的人，来带给自己安全感。套用这个概念，我们可以在孩子入学前，就先帮孩子"找个"好朋友。这位好朋友在学校出现时，他的"功能"就会像安抚小被被一样，带给孩子一些安全感。

我知道这是理想化的情况，但是却真的发生在一些家长身上。有些家长平时会带孩子参加学校附近的活动，认识了其他也要上幼儿园的家长，于是常常一起聚会，小朋友们也变成了好朋友。还有一些例子，是家长在参观学校环境的时候，跟其他家长聊了起来，之后又约了几个游戏聚会，让小朋友们玩在一起。如果有这样的机会能认识同学，先建立友谊，就算上学的环境是新环境，至少能看到熟悉的脸孔、有朋友的陪伴，多少也能给孩子一些安全感。

感兴趣的事物可以增添期待

◆ 一起去买上学用具

不知道大家是否看过类似的场景：一个不爱吃饭的小孩，当饭碗换成他最爱的卡通人物饭碗时，那碗饭就能让他食欲大增，小孩竟然能够自己努力把饭吃完！有时候，一些小物件能散发出一种魔力，在不需要特别求孩子的情况下，孩子就能自动自发，让我们做父母的感到惊喜。帮孩子做好上学的心理准备也可以运用相同的概念，带孩子一起去挑选上学需要的用品，例如书包、水壶、睡袋等，孩子越喜欢这些物品，就会越期待在学校使用。

◆ 对学校有期待

大部分的孩子都不太喜欢上学,就像大多数的大人都不喜欢上班一样,有这样的心情其实很正常。让孩子愿意去上学的方法之一,就是让他对学校有期待。家长可以多询问老师在学校会做的活动,如果前一天知道了活动的内容,就可以在上学的前一晚告诉小朋友。当然不是每个活动都需要告诉孩子,而是挑选出孩子可能会有兴趣的来描述,让他期待隔天上学就可以参加喜欢的活动。另外,有些学校会在特定时间让孩子带自己的玩具来分享。在上学的前一天晚上,陪孩子挑出他想要分享的玩具,示范如何描述这个玩具的功能或是创造新的玩法,给孩子另一个去学校的期待。

调整生活作息,减少不必要的情绪

在上课的两周前,必须要开始调整孩子的生活作息,也就是练习上学的作息。很多孩子晚睡晚起,如果没调整好,你只会在早上看到一个发脾气的小孩,把情绪加到上学这件事上,到时候只会延宕,把情绪带去学校,影响学习效果。除了睡眠需要调整,还要调整其他的习惯,一个关键要记得,就是早上的情绪很重要,因为它会直接影响接下来一天的情绪,所以要避免匆忙、责骂。

很多孩子早上有情绪,都是因为时间太匆忙,不是孩子为了挑一件衣服摇摆不定、书包还没准备好，就是吃早餐时拖拖拉拉，搞得爸妈心急，难免就会忍不住责骂，孩子也就带着这种不好的心情去上学。想要避免这些不必要的情绪，在前一天的晚上就要做好准备，除了衣物要准备好之外，做早餐和吃早餐的时间也要先设想好，尽量不要选择孩子可能拒吃的食物，也要避免那些有可能触发情绪的事物。

3　帮孩子在基本能力上做好准备

　　如果是已经接受了诊断的孩子，相信家长早已为孩子安排了疗育课程，正在花心思和金钱为孩子的能力提升做努力。这些能力对孩子个人的发展来说的确有帮助，但是学会的这些技能，是否真的可以用在学校里，要看孩子有没有足够的类化能力。类化能力，指的是孩子能把他学会的技能用在不同的情境里，当换了人、换了教材和场地，他一样能把能力展现出来。我们很多的孩子都缺乏类化能力，也就是说，就算疗育课上得再多、时间排得再满，能把这些学到的运用在自然情境里的孩子还是占少数。

　　正因为我们大部分孩子都不擅长类化，家长就必须要有个概念，除了在疗育课程上要继续加强孩子的个别能力外，还要为入学前所需的基本能力做打算。有些能力是家长可以先在家里帮忙孩子建立的，而且只有家长能做得到。这些能力只要事先培养好，上学之后就会比较容易进入状态，也可以减轻孩子在学校的挫败感。这些在家里就可以练习的能力，越早开始训练越好，至少在要上学的半年前就逐步进行。

生活方面的能力

◆ 自理能力

自理能力包括如厕、用餐具进食等，其实一般幼儿园的老师都愿意教导，但是要记得，教室里的孩子很多，老师很难随时随地顾及每个孩子。这也是为什么孩子需要在家先练习一些基础的自理能力，就算还是需要大人协助，至少他能在老师忙碌时，有一些独立的能力可以自己做一些简单的事情。

在幼儿园里，孩子需要不同的自理能力，但是比较棘手的，通常就是如厕及吃饭。我们的孩子学习如厕是一项大工程，除了在练习上花的时间要比其他的孩子来得长以外，很多孩子就算练成了也不愿意使用外面的厕所。这种状况如果在幼儿园发生，孩子就有可能憋上好一段时间。因此，在入学前提早帮孩子做好如厕训练，也让孩子习惯在家以外公共场合的马桶上厕所，去了幼儿园比较不会排斥。

◆ 愿意尝试新食物

吃饭也是让很多家长困扰的问题，小朋友都有自己喜欢的食物及口味，撇开那些本身就会挑食的孩子来说，我们的孩子很多不只是有自己偏好的食物，有些还会特别固着在烹调的方式、食物的口感上。在家里家长很容易满足孩子，但是在学校就没这么方便了。在学校大家吃的都一样，没办法客制化，所以如果不要孩子饿肚子，就只能让孩子练习接触不同的食物、不同的烹调方式，家长不需要给自己压力学习新的烹饪技术，直接到外面去用餐，鼓励孩子尝试新的食物就可以了！

专注力

在学校里，老师在教学过程中一定会设计一些要让孩子自己独立完成的活动，例如学习单或是劳作，部分时间老师会引导，部分时间交给孩子自己做。这些活动大多数都是要坐在桌子旁进行，小朋友不仅要理解该怎么做，还要能专注，自己独立并持续地把任务做完。

在家中，家长也可以设计一些简单的活动让孩子能学习专注，学习持续做一件事情。选择一些可以动手操作的活动，孩子比较能定得下来，比如拼图、串珠、黏土或画画等，是简单又稍微带点挑战性的。尽量让孩子在没有大人的协助下独立操作，必要时再教孩子如何向大人寻求协助。另外，在完成之后，孩子也需要学习如何收拾，练习在学校中也会遇到的情境。

一开始练习的时候不要太心急，建议家长要在一旁陪伴，但要避免太多的干预，尽量让孩子学习自己动手做。先以一个活动为主，当孩子能自己完成一个活动后，再渐进式地加入另一个活动，活动与活动之间不要间隔太长的时间，目的是慢慢拉长专注与持续的时间。一般正常发展的学龄前孩子，可以持续进行一个活动差不多二十到三十分钟，而我们的孩子也可以朝这个方向努力。这项能力就像所有的能力一样，练习的次数越多，就能做得越好。家长每天只需要营造这个情境，让孩子练习几分钟，透过长期的累积，你会看到孩子的稳定度变高，做一件事情的独立性也能提升。

加入团体所需的能力

◆ 参加团体课程或活动

很多家长在孩子上的疗育课以外，也会让孩子接触一些才艺班或是其他短期的课程，像是体能课、故事课、积木课、音乐课等。这些课程很像幼儿园的迷你版，通常都是好几个小朋友一起上课，班上可能只有一个老师或是另外包括一位助教，教学内容会有特定的主题，老师会在课程中示范、发号施令，然后给孩子机会去参与团体或个别活动。

这种课程的好处是时间短、够精致，家长又可以在旁观察孩子的学习状况及反应，这个时候是可以看出孩子在团体学习中表现的最好时机。如果你发现孩子在上团体课时，到处游走，无法参与课程内容或模仿其他小朋友，这会是一个指标，它意味着孩子可能缺乏这方面的能力，也告诉了你要多给孩子这一类的机会，多上一些团体课让他去练习。

这些短期课程的另一个好处是，家长可以陪同上课，也就是在必要时，家长可以协助。千万别依赖这些课程的老师帮你教育孩子，毕竟他们不是幼儿园的老师，对孩子没有"教育"的责任，只需要把自己的教学内容教好就好。因此你需要把自己当作陪读的角色，在旁引导孩子聆听老师的指令、观察同学都在做些什么，以及参与团体活动，把这个上课情境当作给孩子热身的地方。

◆ 学习规范

小朋友在学校里都需要学习教室里的规范，这些规范虽然很难在家中复制，但是其实规范到处都可以学习，把一些基本的规范学起来，可以帮助孩子更顺利地融入学校生活。

在这里，我要提醒家长开始多观察我们周遭的环境，想想看有哪一些在生活中遇到的状况，是可以让孩子练习认识规范，而且又可能会在学校出现的。好比我们带孩子去公园玩，一定会看到小朋友要排队轮流荡秋千、溜滑梯；或是到了餐厅，大家都是坐在椅子上用餐；又或者是到亲戚朋友家，一定要先问过别人，经过别人的允许后才能拿别人的东西等。这些生活中常遇到的事，都是孩子宝贵的练习机会。

◆ 与小朋友接触、玩、学习轮流

对家长来说，去幼儿园的一大诱因，就是能和一般发展的孩子玩在一起,但是我们的孩子不太会"玩",就算对其他孩子有兴趣,也不知道如何跟小朋友互动。家长千万别认为把孩子放在幼儿园,孩子就会"自动"跟别人一起玩,这个"玩"的能力,也是要学、要练习的。多带孩子去有其他孩子的场所,像是公园、游乐场或亲子馆,让他先接触有很多孩子同时在一个空间的刺激,另外还可以在其他地点安排只跟一两个孩子在一起玩的机会,营造不同的玩游戏的方式,从快乐的气氛中学习轮流。

另外要注意的是,有些孩子不太会主动接触我们的孩子,虽然我们把孩子带到了这个环境,但是很有可能需要运用一些技巧,才能让其他的孩子愿意跟我们的孩子玩在一起。"营造正向互动经验"是非常重要的关键,爸妈可以尽量在游戏的过程中营造欢乐及正向的气氛,并且别忘了多多称赞愿意来陪孩子玩的小朋友。

如果对方的家长允许,有时候可以运用一些小贴纸、小点心来谢谢这些同伴。大家请别误会我们的用意,这样做并不是要贿赂他们,这样做是有道理的。我们来一起想想看,一般的孩子本来就不太愿意跟我们的孩子玩,他宁愿去找他有兴趣的朋友玩,但在这时候,如果我们还要求他跟孩子玩,他不但意愿低,还可能会更反感,进而产生对孩子的负面情绪,这是很不值得的。运用一些小奖赏或称赞,只是鼓励同伴做的努力,开启愿意互动的钥匙而已。事实上,很多的孩子到最后完全都不需要那些奖赏,曾经就有个孩子对我说:"老师,我好喜欢跟小明玩!"也不再找我拿小礼物了。

4　让孩子爱上学习的小技巧

除了帮孩子建立一些入学的先备能力以外,我们还可以在家中营造一些可以学习的机会,激发孩子的好奇心与学习动机,这样在入学时,孩子比较会对老师的教学产生兴趣。当然也有一些孩子会有他自己的喜好与固着的事物,如果孩子的性格不太喜欢变化或是尝试新事物,在家中的学习内容就需要常变化。尽管不是孩子喜欢的,也要鼓励孩子多做尝试,从中增强他参与活动的动机。

建议先观察孩子的喜好,从孩子原本的喜好延伸出其他的活动。好比说孩子喜欢火车,可以带着孩子看关于火车的故事书,从中问一些简单的问题;还可以依照孩子的能力来营造其他的学习情境,像是让孩子在不同的火车车厢上着色(练习精细动作),每个车厢上放上不同的数字(数字概念),小朋友要按照顺序排列出火车等(数字排序)。这些做法的目的是要让孩子喜欢学习,对一件事能持续地专注,参与在活动中。

时间要多长？

现代的家长都很忙，除非有帮手或是很会做时间管理，不然一般都很难安排出时间陪孩子"学习"。其实学龄前孩子每天这样的练习时间并不需要很长，在家长的陪伴下二十到三十分钟就已经足够。如果日积月累，孩子越能养成习惯，也越容易适应在学校里的生活。以下提供一些父母在家中可以跟孩子一起做的活动作为参考，给家长一个方向。这里的重点不是这些教学的材料或步骤，而是能让孩子先练习一些"学习技能"，先尝试一下"学习"的感觉。不知道可以在家里做些什么的家长，也可从网络上或是书籍中找寻一些新点子。

认知领域

◆ 数量概念

材料：布丁盒中装些小玩具或豆子、黏土、纸、笔。

活动步骤：

1. 在每张纸上写一个数字（可以先从 1 到 5 开始练习）。

2. 在每张写好数字的纸上，先粘上一团黏土。

3. 家长带着孩子对照数字，拿出相对应数量的小玩具，好比看到 3 就拿出 3 个小玩具，再放到黏土上。

4. 数数加上玩小玩具，小朋友在游戏中也可以学习数量概念。

◆ 事件顺序

材料：绘本、绘本情境或人物的影本、图画纸、订书机。

活动步骤：

1. 先把图画纸剪成一般书本大小，再用订书机钉成一本书的样子。另外将绘本中比较特别的情境或是人物影印出来。

2. 接着，家长与孩子一起看绘本，让孩子熟悉故事中的情节。

3. 讲完故事后，把绘本合起来，拿出情境影本，和孩子轮流说故事，每人说一个情境，同时把故事里的情境影本贴在自制的小书里。考考自己的记忆，别把故事的顺序说错了喔！

◆ 分类

材料：几个塑料容器、动物玩具或图卡、食物玩具或图卡、交通工具玩具或图卡。

活动步骤：

1. 先在塑料容器外面贴上不同的类别图片，比如代表食物、动物、交通工具等类别的图片。

2. 家长先示范如何将不同类别的物件分类放在这些容器里。

3. 孩子可以一边练习这些东西的名称,一边分类,也可以学习挑出不属于这些类别的物件。

精细动作领域

◆ 贴画

材料:不同颜色的色纸、图画纸、彩色笔、胶水。

活动步骤:

1. 家长先在图画纸上画出不同的图形,准备作为孩子的贴画材料。

2. 示范如何用手把色纸撕成小碎片,再让小朋友将不同颜色的色纸撕成合适的大小。

3. 撕完后,孩子练习使用胶水,将撕成碎片的色纸粘贴在图画纸上，拼凑出原来的图形。猜猜看，贴完的成品到底是什么东西呢？

◆ 插插乐

材料：纸盒、不同尺寸的吸管、冰棒棍、铜板、毛根。

活动步骤：

1. 家长依照吸管、冰棒棍、铜板、毛根的大小，在纸盒上先用刀片戳洞，或是割出适合的形状。

2. 透过将物品插入与形状相符的洞口，小朋友可以练习抓握、手眼协调的动作，也正因为这个活动是操作性的，孩子在进行时会特别专注，主动性会比较高。

3. 建议一开始相同类型的物品只给几个就好，之后数量再慢慢增加。

◆ 意大利面

材料：烤肉夹、绳子、盘子、毛球或水彩颜料。

活动步骤：

1. 带着孩子用烤肉夹来夹面，不是光夹面就好，在夹紧面条时，还要同时转动夹子，转过圈圈的面就像一座山，这样摆出来的面条才会好看。

2. 把面条放在盘子上后，继续用烤肉夹夹入客人想吃的配料（毛球或挤上水彩颜料），一盘香喷喷的意大利面就完成啰！

3. 这个活动的材料不多，但只要加入一些想象力，孩子就会开心得玩上好久。如果家中有关于用餐的绘本，可以在讲完故事后，引导孩子联想一个用餐的情境，另外编出制作意大利面的情节。

社交情绪领域

◆ 互动游戏

如果家里有兄弟姐妹，他们就是最好的玩伴和练习对象。互动游戏不需要太复杂，互相踢球、轮流推车子、你追我跑等，都可以制造一些一来一往互动的机会，这些互动不需要语言上的对话，重点是能让孩子注意到别人，与其他小朋友在一起玩有开心情绪的联结。如果孩子互动能力弱，建议家长在孩子的后方提供适当的协助，比如说球滚向孩子时，示范丢球的样子，记得不要协助太多或给予太多口头的指令，以免减低孩子想要与人互动的动机。

◆ 假想游戏

在幼儿园的自由活动时间里，最常见的就是几个孩子在一起玩假想游戏，小女生玩扮家家酒、当公主，小男生就是假装谁是英雄或坏人，他们会拿道具来"假装"，还会编出令人惊奇的故事情节。对一般发展的儿童来说，假想游戏是自然就会发展出的，但是对许多特殊儿童来说，是无法自己发展出来，需要另外教导的。

家长在家里可以多营造一些假想性的游戏，在孩子会自己假想前，他们要先学会模仿家长的假想活动，比如假装拿梳子当电话、纸箱当汽车、长气球当香肠等，都让孩子看着爸妈玩，一起跟着模仿。当孩子能将一些物品假想成其他的物品时,还可以加入人偶来做角色扮演,透过这些人偶,小朋友还可以学习从别人的角度去看事情,也有机会学习透过这些人偶来表达自己的感受与想法。

◆ 桌游

桌游的类型非常多,从很简单的到很复杂的都有,但是不必为桌游的难度而受限制,只要动动头脑,就可以简化或变化游戏,配合孩子的能力来玩。我之所以建议桌游,是因为桌游有些好处,其中一个是它可以成为小朋友之间互动的媒介,让孩子们能共同玩一个游戏。桌游的另一个好处是结构化,除了有明确的规则以外,小朋友在游戏中需要重复做一些动作才能进行下去。这种重复性可以让孩子多一些练习机会,好比有些游戏需要轮流抽卡片,每个人玩完一轮后又会再轮一次,而每次在练习轮流的时候,家长都可以引导孩子注意其他孩子的动作,学习观察什么时候才轮到自己。

桌游还可以提供一些学习社交技巧的机会,比如说在游戏时,孩子可以针对他们都在体验的事物对话。这个情境是相当自然的,加上又针对同一个主题,孩子就可以练习拿平常接触不到的事物来与他人聊天,扩展话题的内容。游戏玩到最后总有输赢,这也是让孩子练习面对输与赢的机会,对于平时"输不起"的孩子,在这个时候就可以教他面对"输"的方法。

5　家长自己的心理准备

除了孩子需要做准备，家长也需要做好准备，特别是在情绪方面，要记住，你的情绪会影响孩子的情绪。再小的孩子也能感受到父母的情绪，如果父母是放松的，说话的语气或是肢体语言都能让孩子感到安心。所以记得在离别时，避免制造紧张的气氛，更不能让孩子看到你的不安或是情绪比孩子还强烈。有时候孩子的适应能力并不差，父母却以为孩子不能适应，事实上，他们的反应是受到大人的情绪所牵动。

不哭、不表现焦虑

第一次送孩子上学，难免会难过、紧张、担心。虽然有这些情绪是正常的，但是切记要好好把它隐藏起来，别让孩子看到你脆弱的一面。特别是在他已经有情绪时，不要让他感受到你的焦虑，反而要表现出冷静、正向的情绪。你的情绪会慢慢感染孩子，也许不是当下，但我相信一定能有正面的作用。送孩子上学，向他说"再见"的时候，记得给孩子一个拥抱及微笑吧！

学会放手

家长带孩子入校园后，离开就离开，不要再回头。长痛不如短痛，这句话很适合用在分离这件事上。想想孩子一看到妈妈离开就开始焦虑、难过，这时候如果妈妈舍不得，再度出现，只会挑起孩子更多的情绪，因为他要再一次经历分离。建议爸爸妈妈一旦跨出门，就别再回头去刺激孩子啰！学会放手，放给老师，相信老师都已有无数的经验，就让他们处理吧！

找事情来做

孩子通常是很多家庭主妇的重心，以往每天的作息都是环绕在孩子身上，现在孩子突然不在身边，好像生活失去重心了一般，因为从来没离开过孩子，有些妈妈会觉得很闲，甚至不知道该拿自己怎么办、该做什么。不知道自己要做什么的家长通常都比较会胡思乱想，反而会更焦虑，更担心孩子在学校的状况。建议家长在送孩子入校之前，先规划一下自己的时间，想想什么事是平常想做但又做不到的，好比那些曾经好想报名的课、想去吃的下午茶，终于在这个时候可以没有忧虑地享受一下自己的空闲时间，赶快好好把握住吧！

开心接小孩

到了放学的时刻，这时焦虑、等待一整天的你，一定想知道孩子今天过得怎么样、到底适应得如何？尽管你已经忍了一天，但是这时候还是要提醒自己忍住，不要露出负面的情绪，也就是送孩子去上学时要开开心心的，去接孩子放学也要开开心心的。一见到面，就算看到孩子哭丧的脸，也要保持镇定，让他感受到你平稳的情绪，问问他今天让他最开心的是什么事，或是带他去吃个他喜欢的小点心，让他的一天，因为你，有一个快乐的结尾！

第 四 部 分

上学后该放手与
该注意的状况

我们再怎么做好准备，也不能保证能够万无一失。环境中永远存在着我们不能预期的事情，总有超出想象或是自己无法掌控的事情。很多时候我们以为一切都按照计划进行，直到状况发生，才意识到原来这完全不在我们的预想之中。准备要上学就是如此，没有所谓"万全的准备"，但是如果爸妈已有孩子经历过入学，那么可能比较容易以轻松的心情看待这个过程。没有经历过的家长就如同新手父母一般，总是会焦虑、不安，烦恼孩子在入学后会出现什么状况，担心他是否适应、是否能交到朋友、老师是否能用心对待他，不断问自己的决定是否正确……担心和焦虑是人之常情，但是既然做了决定，我们就需要提醒自己，学习往前看。

　　接下来主要是想给家长一些"预告"，让爸妈知道在孩子入学后有哪些可能会发生的状况，其中有些也许不需要太过紧张，有些可能要特别注意。

1　孩子的情绪和适应期

　　前面我们提到入学前能帮孩子做的准备，无论是在生活、心理或是能力层面，只要花了时间和心思，对孩子来说多多少少都有帮助。开学之后，有些孩子因为在准备时，已经充分理解自己将要去上学这件事，心里会先预期学校的作息和环境，他们便能在短时间内适应，也能很快进入学习状态。也有一些孩子没意识到自己要开始上学了，对新事物有好奇心，到了学校，一开始看起来适应得很好，但这其实是个假象，因为孩子在学校上了几周课之后，才察觉这是每天的例行公事，于是开始出现负面情绪，到学校时在门口就拒绝入班上课。

还有一些孩子因为本身的个性或特质，好比容易退缩、敏感、不喜欢变化的孩子，他们的适应期会拖得比较长，有时候适应期甚至会拖上好几个月。另外还有一些孩子，其实并没有适应问题，他们只有在家长接送的时候出现情绪，让爸妈心疼不已，但是只要爸妈一离开，孩子就像什么事情也没发生过一样，开心地和同学一起上课。

哭给妈妈看的瑞瑞

瑞瑞从来没有离开过妈妈，即使是去上疗育课程，也都是有妈妈陪在身旁，终于到了上学的年龄，妈妈一想到要送孩子上学，心里就很焦虑，她担心孩子无法适应新环境，更担心瑞瑞不能适应妈妈不在他身边。

第一天送孩子上课，瑞瑞的老师先跟妈妈简短地说明了一下，并请她交给老师处理。妈妈不舍的心情瑞瑞都看在眼里，于是他开始哭闹、拉扯妈妈的衣服，妈妈一边安抚瑞瑞，

一边向他说着上学的好处,这样一来一往就花了快半个小时。老师眼看安抚没有帮助,反而让瑞瑞哭得更难过,花了一番功夫才说服妈妈离开。没想到妈妈一离开,瑞瑞的号啕大哭就变成轻声啜泣,几分钟内就停止了。在这过程中,老师并没有特别安抚,只是在旁边陪着他。

瑞瑞妈妈其实并没有真的离开,不安的她躲在窗户旁观察,生怕瑞瑞会出什么状况,但是一不小心就被瑞瑞看见。看到妈妈的瑞瑞又开始哭闹,吵着要跟妈妈回家,在老师又一次的沟通下,妈妈才真的离开。接下来一整天,瑞瑞的状况都很好,在老师的引导下他能跟随教室里的流程,自由活动时也能自己玩玩具,就连放学看到妈妈也很开心!

持续观察孩子的行为及情绪反应

无论孩子对于上学的适应形态是哪一种,我们都需要持续观察孩子在入学后是不是有其他不寻常的反应或改变。有些状况只是在适应期的正常反应,像是嘴巴说不想上课,或是去上学时一开始的抗拒,但是一阵子又没事了。这些行为对很多孩子来说,就是过渡时期的暂时现象,家长不需要太过紧张。当然也有很多爸爸妈妈会问,哪些行为才算是"不正常"的反应?或是需要多长时间才能确定孩子适应不良,也许现阶段真的不该送孩子上学?这里我要再次强调,每个孩子都不一样,所以并没有一个适用于所有孩子的标准,重点是观察孩子:入学后他在情绪和行为上的改变是否可以透过调适或引导而改善,还是他的改变会严重影响到生活作息。

个性活泼的小奕变了样

早疗教室里传出嘻嘻哈哈的笑声,一打开教室的门,这个面带笑容、正在跟老师开心上课的小朋友就是小奕。小奕是个性活泼的孩子,从当初被诊断出有自闭症到现在,他已经是个完全不一样的孩子了。现在的他有口语能力,喜欢跟老师聊天,也喜欢学习,妈妈看到他的成长,想想该是送他去幼儿园的时机了。以小奕的进步程度,适应新环境应该不是太大的问题,但是为了确保一切顺利,妈妈决定自己先帮忙陪读,等到小奕适应了再离开。

上课的第一个星期,小奕在进入教室前都会稍微闹个小情绪,通常透过老师帮忙转移注意力,他的情绪都可以在短时间内平复,妈妈和老师也因此感到放心。但是从第三个星期开始,小奕出现了焦虑的情绪,特别是在每晚要入睡前,都会跟妈妈说他不要上学,就算是经过妈妈安抚,半夜还会尿床,这是以往都没有发生过的状况。后续接二连三发生的事件,都是跟他的焦虑有关,有时候小奕会莫名大哭,有时半夜会惊醒,让妈妈感到无助又非常焦急。

家长如果察觉到严重的情绪反应,加上又持续了好几个星期,这时就建议要寻求专家的协助,理清原因后,再找出协助孩子的适当方式,避免这些原因后续对孩子造成影响。

父母可观察的反应

前面曾经提到,每个孩子都有自己的适应期,我们对孩子的观察,需要耐心持续一段时间才能适当地分析孩子的状况,千万不要因为单一事件或是孩子一开始适应不良就轻易下论断。以下提供一些方向给家长作为参考，都是父母应该注意的行为。

- 孩子在去学校的路上，或看到学校大门口时，有没有负面情绪？
- 接孩子下课时，孩子是否有精神，并表现出愉悦的情绪？
- 上课后的三到六个月之间，孩子在发展上有明显的进步吗？
- 班上的同学愿意主动接触孩子吗？孩子在学校有没有好朋友？
- 上学期间，孩子会出现像是焦虑、睡眠中惊醒、没安全感、情绪起伏、行为退化等压力反应吗？

建议爸妈在一开始上学后就开始观察，记得多给孩子一些时间，几个星期后再检视一次孩子的状况是否有变化。

不要小看轻微的变化

孩子适应了"上学"，并不代表能一直适应下去。学校就如同任何环境，常常会有变化、突发事件，而我们很多孩子都缺乏弹性和适应变化的能力，再加上很多特殊儿童不容易完整表达内心的感受或想法，我们很难知道是什么原因造成他们无法面对变化，唯有透过仔细观察，才能分析出一些状况。

因为小小改变而大受刺激的小安

小安花了几个星期的时间适应新的学校，适应后他的情绪稳定，每天都很开心地去上学，就这样持续了好几个月。突然有一天，妈妈带他去上学时，一到校门口孩子就开始哭，好说歹说都没办法带他进入教室。只要妈妈态度一强硬，孩子就变得更加歇斯底里，这个表现让妈妈和老师都感到十分困惑。

妈妈完全无法理解孩子会如此抗拒的原因，所以当天只好就此罢休，默默带着孩子回家，期待隔天也许孩子情绪会好转。一到隔天上课的时间，小安还是出现相同的反应，让老师与妈妈措手不及，只好与校方开会讨论，想要了解引发孩子情绪的缘由。

开会的过程中，大家的提问都环绕在教室里发生了什么事，让小安有不愉快的经验，还是他的生活作息改变等，绞尽脑汁希望能找出原因。经过长时间讨论，大家发现孩子的生活中并没有什么特别的变化，于是开始思考其他的环境的改变。讨论到最后，终于有人意识到，唯一的变化是前几天在校门口放置的新盆栽，这个盆栽会散发出一种淡淡的香味，绕了一大圈，才发现原来孩子不是排斥上学，而是排斥那个盆栽的味道。

就是一个小小的盆栽，能让孩子出现大大的反应，的确，我们很多的孩子接收环境刺激就跟一般人不同，他们也许不够敏感或是过于敏感，在生活的每一天都面临不同的环境变化，这些是挑战，也是他们需要学习的功课。尽管如此，这个例子还是告诉我们，身为家长，必须做好心理上的准备，即使孩子已经适应上学了，也要准备可能还会出现孩子需要调整的地方，让我们陪孩子迎接和面对这些挑战，协助他们提升适应力。

家长学习放手，孩子才有成长的机会

我们都希望孩子能独立、能自己学会适应，在不依赖太多的协助的情况下融入环境。在达到这个"目标"前，有一个我们都要练习的功课，就是学会"放手"。放手是一个过程，包括心理及认知上的学习历程，也就是说，在心理层面上，我们需要克服一些自己给自己的焦虑，像是前面提到的，在孩子入学后，安排自己的生活，找到与自己有共同处境的支持系统，好比跟一些有类似情况的妈妈聚会、互相打气，当然，也要学习开始享受自己的独处时光，学习爱自己。

另外在认知层面上，爸妈要常常提醒自己这是个必经的过程，"放手"并不是不爱孩子或忽略孩子，只是每个人都有自己该走的道路。除了要常常朝这个方向思考以外，还要有实际的动作，一个很好的练习机会，就是从送孩子上学开始。我们都能想象送孩子上学的画面，孩子的哭闹、不情愿，虽然我们无法控制，但是我们可以调整自己说话的内容、稳定情绪，来避免那《十八相送》的剧情。

在我们与孩子沟通的时候，无论孩子的语言能力是在哪个阶段、听得懂多少，他们都能透过我们的口气和肢体语言来分辨我们的情绪。所以在一些关键时刻，特别是分离的时刻，建议尽量保持稳定的情绪，说话的内容坚定、简短，同时伴随柔和的口吻。这么做可以避免在孩子已经有情绪的当下，又让他们感受到父母的负面情绪，更难与父母分离。那么，当孩子很难与我们分离时，我们可以对孩子说些什么呢？

送孩子上学时说再见的技巧

情境	可以这样对孩子说	说这些话的目的
送孩子到校门口时，孩子开始哭闹，不愿意和你分开。	"妈妈知道你很想妈妈。等一下你在这儿可以跟同学一起玩，老师也会带你做喜欢的活动。别担心，下午吃完点心我就会来接你了。"	让孩子知道你同理他的情绪，告诉他一些让他期待的事物，并明确地告诉他在什么时间点你会来接他。
孩子其实很想进教室，但是看到妈妈还是宁愿跟妈妈在一起。	"我知道你会想妈妈，我也会想你。你看，你的好朋友在玩你喜欢的积木，他应该在等你跟他一起玩积木，去玩吧！"	让孩子知道你能了解他的心情，同时给他一个正向的情境帮助他往前看。
孩子愿意去上课，只是一直跟妈妈讨价还价什么时候要来接他。	"我知道你想我早一点来接你。你看上学可以学到新东西，会有同学跟你一起玩，妈妈也有自己要做的事。下课时我就会来接你了。"	先帮孩子把他的想法说出来，再让他明白你离开的原因。避免在这个时候被孩子牵着话题走，并坚定自己的说辞。

以我身为老师的经验来看，说"再见"对家长来说是最困难的一步，因为在这时候孩子的情绪是家长最不想看到的，从一开始的心疼，到后来的不耐烦，最后是无限的罪恶感。所以我提供

几个例子给家长参考,这些说再见时的技巧,都需要爸妈事先练习,甚至在送孩子上学前,就要在心里先想好接下来要说些什么。说完再见后,建议就在几分钟内离开,过程中不要有太多的反复来回,也不要在离开后又突然出现,避免造成更多的困扰与不必要的情绪起伏。

另外要请爸妈注意,说这些话并不代表处理孩子的适应状况,也不代表孩子就能马上与你分离。说这些话的目的,是让家长学习该如何面对分离的焦虑,在焦虑的情绪下说一些能带来正向影响的话语,帮助自己与孩子一同度过这段适应期。请记得,你的情绪会直接影响孩子的情绪,你的焦虑,孩子绝对能感受到,他也跟着变得焦虑;你的情绪稳定,孩子绝对能感受到,他也会慢慢稳定。

2　是谁在帮孩子贴标签？

被排挤的心痛经验

十几年前当我在美国担任特教老师时，我们哥伦比亚大学的一项研究专案为了推广融合教育，向一所小学租借教室，将我教的特教班安置在一般学校里，但是因为整所学校只有这班特教学生，因此校方把我们的班级安排在走廊尽头的最后一间教室。我记得整个学年，没有人敢走过我们的教室，没有人会过来打招呼，即使看到也好像我们不存在似的，感觉上好像被孤立了。

有一天，我们班上的一个学生经过走廊去上厕所，他一回来就过来问我："袁老师，有人叫我怪物，怪物是什么意思啊？"听完我的心都碎了，因为问不出是哪个班级的学生说的，我也无法去向对方班上的老师反映这个情况。当时我就在想，学校的老师其实都知道我们是特教班，学生在学校里一定都会碰到，为什么其他班级的老师不宣导一些正确的观念，让大家能认识特殊学生？

天使般的老师出现

我们是学校中唯一的特教班，为了融入学校，我努力和其他老师建立关系。就在隔壁班有一位罗森伯格老师，她的脸上常常带着微笑，平时不爱聊天的我，为了建立关系只好硬着头皮去找她寒暄，从一开始不知道聊什么，绞尽脑汁制造聊天话题，到后来无所不谈，甚至还会一起到咖啡店喝杯咖啡闲聊。花了一段时间，她才愿意跟我透露一些自己的想法。有一天，罗森伯格老师告诉我她的班上有一位特殊生，常遭到同学的排挤，她看了很心疼，于是我们一起讨论出一个办法，创造机会让我们的特殊孩子能被接纳。

营造正向经验

罗森伯格老师向我提到，每周五的下午，她的班级课程都比较松，因此就规划了每周五下午，让我带着我班上的六位特殊生进入她的班级，罗森伯格老师则是将她的学生分成六组，每一组都各带我的一位学生，然后这六组会各自进行一项孩子们都喜爱的活动，有些做创意劳作，有些玩角色扮演，无论是做什么，孩子们都玩得特别开心！我和罗森伯格老师都很好奇，这些同学到底是因为必须听老师的话，所以才心不甘情不愿地陪我们的孩子玩,还是真的享受这种互动。

经过了一阵子的观察,结果发现每个孩子的表情和情绪,都明显表示出了自己的心境,他们确实享受其中!而且所有的学生,包括我们的孩子,都很期待每周五的来临。这个美妙的结果,我想罗森伯格老师自己可能都没察觉到,她的方式营造了很多的正向经验,特别是当她选择了小朋友喜欢的活动,开心在玩的同时又搭配了我们的孩子,这样的情境,直接让她班上的同学对我们的孩子产生了正向情绪的联结。

做比说更有效

半年过去了,我的学生也要升上二年级,学期的最后一天,我安排了学生的家长来参加升学典礼,才进行到一半,罗森伯格老师的班级竟然全部都到我们的教室来,他们为我的学生献上一首歌,每个学生还特地做了卡片送给我们班的学生,真的很令人感动,就连我们班级的家长也感动到流泪!我向罗森伯格老师说出感谢,感谢她不仅是接纳我们的孩子,还做出了实际的行动。有趣的是,她反过来感谢我,她说正因为我们做了这些安排,那位在她班上受排挤的孩子,也被其他同学接纳了。学生变得友善,也开始对弱势的孩子表现出同理心,没想到只是营造了一些正向的互动经验,效果竟远比单单用"说"的方式倡导更有效。

被欺负、遇到问题怎么办？

那次在美国遇到的事件，让我深深体会到了家长的担忧。特殊儿童在学校被欺负、遇到问题时不知道该怎么办，是父母都担心，而且又经常在学校发生的事件。那么除了老师在学校努力宣导、尽力营造友善的环境以外，还有什么是我们可以为孩子做的？为了能给孩子实质上的帮助，我请几位家长给我们一份清单，描述孩子平常在学校曾经遇到过的困难，或遇到冲突时的状况，拿到这份清单后，我一一地让我们的老师演出这些情境的内容，拍摄为教学影片。

我们运用 ABA（应用行为分析）研究出的其中一项教学策略，也就是利用影片设计出一套课程，让孩子能视觉化日常生活中可能发生的状况。这一套课程的教学步骤很繁杂，首先我们录了二十个需要寻求协助和解决冲突的情境，接着老师会带孩子看几个不同情境的影片，从中与孩子讨论发生的事件，另外再说出可以应对的方法。我们发现在讨论的过程中，许多孩子都有共同的困难点：他们无法正确地描述看到的内容。这表示他们不能正确解读当下的情境，导致没有一个孩子能找到适当方法来处理问题。下表是一些孩子看完影片所说的话。

从这些例子中我们可以看到，如果孩子无法正确解读发生的事，他们就无法判断自己其实是被欺负了，还是遇到问题了，那么当然后续就无法做出适当的反应。在我们的教学中，首先着重在孩子的认知层面上，透过多重范例的影片示范，教导他们察觉在不同情境里的重要细节，并学习辨识哪些情况需要寻求协助、哪些情况要自我保护等。当孩子对这些情境都有正确的认知后，才开始引导他们从选项中，选择最适合的应对方式。

孩子对影片情境的解读与反应

影片中的情境	孩子对情境的描述	是否会解决问题/寻求协助
老师请大家开始画画，并发图画纸给两个同学，有一个小朋友没有拿到纸，表情很错愕。	老师："发生了什么事？" 学生："在画画。"	老师："应该怎么办？" 学生："1.先拿纸。2.再画画。"
两个小朋友互相分享自己漂亮的书包，之后就一起去玩玩具。到了下课时间，一个孩子拿错书包准备回家，另一个孩子眼睁睁地在旁边看着同学把自己的书包拿走。	老师："发生了什么事？" 学生："玩一玩，下课背书包。"	老师："应该怎么办？" 学生："可以打×。"
一个小朋友觉得戴帽子很好玩，一直硬把帽子戴在同学的头上，即便同学已经说不要了，他还是不停止。	老师："发生了什么事？" 学生："戴帽子。"	老师："应该怎么办？" 学生："可以玩游戏。"
一个小朋友故意把同学推倒，同学痛到哭了。	老师："发生了什么事？" 学生："他跌倒了。"	老师："应该怎么办？" 学生："站起来。"

如果只是让孩子单单告诉我们正确答案，并不代表孩子真的会用在自己身上，这是很多特殊儿童都有的困难，也因此我们的教学不能只停留在正确答案上。因为这只是代表孩子达到理解的层面，我们另外还要确定孩子真的会使用学到的知识，才算是真

正的"学会"。于是在我们的配套教学里，还加入了演练的元素，也就是在孩子学会辨识状况和提出解决的方式后，模拟类似的情境让孩子参与演练，确定他们能在不同情境里实际运用在自己身上。

透过这样的教学方式，我们在不同孩子身上都可以看到相同的效果，也就是他们都学会了一些应对的技巧，无论是在需要帮忙时，或是被别人欺负时，小朋友都能察觉问题点，并能做出适当的反应帮助自己脱离困境。唯一的不同点是每个孩子需要练习的次数与范例的数量，有些孩子只需要练习几次就能理解这个概念，但是也有一些孩子在练习多次以外，还需要接触大量不同的情境范例，才能真的精熟这些反应技巧。

在这里家长先不必太担心是否一定需要额外的课程，才能教导孩子学会这些技能，其实父母可以陪伴孩子一同观看有类似内容的影片，或是自己演出情境，请家人用手机拍摄。如此一来，在家里一样能以简单的方式教孩子，与孩子一同讨论、演练，这样的效果远比只是单单地"说道理"还来得更直接，印象也会更深刻！

3　跟不上大家的学习进度

另一个可预期的状况与孩子的学习有关,我们都知道特殊儿童的学习进度缓慢,他们学习一项技能通常都需要大量的练习,以及特别的教法。一般发展的孩子,学习一个新概念只要练习几次就好。在一般的幼儿园里,老师的教学进度都很快,往往只让孩子接触几次教学内容,会依照一般发展孩子的进度而常更换,也因此老师只好跟着进度走,无法等待我们的孩子。如果家长很在乎孩子的学业表现,他们就会心急,担心孩子学业跟不上。

学业逐渐落后的小梅

小梅是高功能自闭症的孩子,爸爸在她四岁的时候就安排她进幼儿园。小梅适应得很好,也喜欢上学,在学习上还算跟得上。但是到了大班,爸爸渐渐发现小梅在功课的理解上有困难,于是跑来找我,希望我能为孩子"补习"。

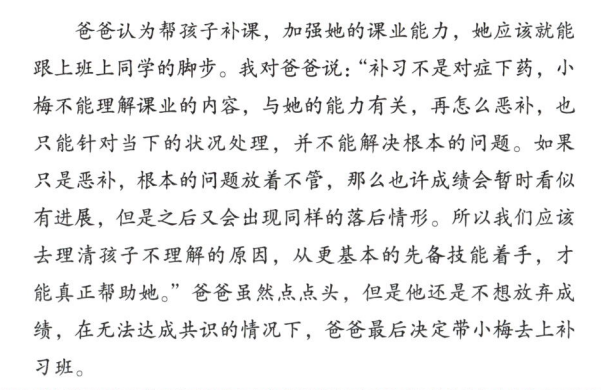

> 爸爸认为帮孩子补课,加强她的课业能力,她应该就能跟上班上同学的脚步。我对爸爸说:"补习不是对症下药,小梅不能理解课业的内容,与她的能力有关,再怎么恶补,也只能针对当下的状况处理,并不能解决根本的问题。如果只是恶补,根本的问题放着不管,那么也许成绩会暂时看似有进展,但是之后又会出现同样的落后情形。所以我们应该去理清孩子不理解的原因,从更基本的先备技能着手,才能真正帮助她。"爸爸虽然点点头,但是他还是不想放弃成绩,在无法达成共识的情况下,爸爸最后决定带小梅去上补习班。

这个例子是一个普遍的现象,一旦孩子进入幼儿园,终究会面临学业上的压力,这些压力有时是来自家长。由于爸妈担忧孩子跟不上,于是花很多的时间带孩子写作业、复习,孩子的时间也都被做功课填满,亲子关系渐渐变得紧张。当然也有一些压力来自孩子自己,当他们发现自己跟别人"不同",或是为什么别人会,但自己不会时,压力就会产生。有些孩子选择逃避,也有些孩子就直接放弃。课业到底对我们的特殊儿童来说,是不是最重要的?到底要放多少心思在这方面?要有多高的期待?这些问题只有家长自己能回答。

难道孩子进步得慢,我们就要放弃吗?当然完全不是这个意思,我们期望孩子一样能跟同学一起学习,只不过我们需要思考该如何做,才能让孩子持续参与在学校的学习里,但同时也要考量到孩子的能力,配合个人的学习速度和能力,从旁协助他们。

持续参与学习的瀚瀚

瀚瀚是一个有学习障碍的孩子，他喜欢学习，也能专注在老师身上，只是任何老师教的内容对瀚瀚来说，都是一大挑战。妈妈回想曾经为了要教瀚瀚辨识数字，努力了整整一年，用尽各种方法，才教会瀚瀚几个数字。那次的经验，让妈妈接受了瀚瀚在学习上有障碍的事实，也因此对于瀚瀚在学校的课业学习并不抱太大的期望。

瀚瀚的班级老师明白妈妈的心境，更清楚瀚瀚的困难点，但是他深信孩子是有潜力的，于是老师在班上将瀚瀚的学习内容做了调整。好比同学都在学习简单的加法，这些对瀚瀚来说是无法理解的，不过老师针对瀚瀚现有的能力，再增加一些难度，让瀚瀚学习描写数字，或是将数字与数量做配对，让瀚瀚还是能"参与"在与数学相关的课程里。

在瀚瀚的例子里，老师发现调整过的内容能提升瀚瀚参与活动的动机，这样他就不会逃避上课，也正因为这些教学内容确实符合瀚瀚的需求及能力，让他在学校里还是持续学到不少东西，这都多亏了愿意调整心态的妈妈，还有花了心思且不放弃的老师！

第 五 部 分

给孩子额外的
协助：陪读

陪读，就是一个不附属于学校的人，进入班级，为孩子提供协助。这个人可以是家长请的外聘的老师，也可以是家长自己来陪读。陪读的类型有几种，其中最基本的一种，是陪读老师跟随在孩子身边，配合班级老师的活动流程，在孩子需要时提供协助。还有一种形式是孩子大部分的时间都跟随班级老师的流程，陪读老师在班级老师的同意之下，另外安排一些时间，帮孩子练习他需要特别加强的能力。

1 什么情况需要陪读？

如果孩子以往都只接触疗育课程，并没有进入幼儿园的经验，那么家长就要先有心理准备。事实上，很多上了好几年疗育课程的孩子，爸妈也认为他的能力足以让他融合在幼儿园里，结果一开始上学就出现问题，不是之前在疗育课里学会的技能并没有在幼儿园展现出来，就是在班上不断发生困扰老师的行为问题。

出现这些状况，是因为我们目前的疗育做得还不够完善，在现有的制度下，一般的治疗课程无法与学校做紧密的联结。也就是说，治疗师上治疗师的课，学校老师上学校老师的课，大家分开，各做各的，很少有交集。疗育课程设计的目标大多仅限于孩子个别在治疗室内的练习，很少设想、考量到在自然情境里孩子该有的表现。如果治疗的目标没有朝向孩子往后的学校生活来规划，再加上孩子原本就缺乏类化能力，不懂得将治疗课中学习到的技巧类化到学校生活中，那么，这时候就有可能需要陪读老师来介入，将治疗与生活结合，才不会浪费孩子的疗育课程。

另一方面，家长也需要知道，一般学校环境的师生比例低，加上老师的班级事务烦琐、需要跟上教学的进度等原因，比较没办法全方位地照料到孩子的特殊需求，这是很多老师有心却又无力的地方。在国外，融合教育都会另外有特教老师在教室里支援，毕竟一般幼儿园的师资背景大多数都是幼保科、幼教科，特教的背景并不扎实。这时候，如果能找到拥有特教相关背景的特教老师来陪读，他们对孩子在学习、行为上的困难点有比较完整的认识，陪读时就能针对孩子的特性来提供适合他的引导方式。

2 陪读需要注意的问题

目前关于幼儿园的陪读，政府还没有一套完整的规划，所以只有家长自己跟学校讨论，看看他们是否能接受陪读。很多我们曾经接触过的学校都不太接受陪读，原因包括：

1. 没有接触过陪读，不清楚陪读老师扮演的角色，因此担心陪读老师会干扰班级老师上课；
2. 不知道如何向班上的同学说明陪读老师是谁；
3. 不希望陪读老师将他在教室中看到的事物，在不了解的情况下转述给家长听；
4. 老师相信自己有能力教导孩子，觉得没必要加入陪读老师；
5. 曾经有过不好的陪读老师入班经验。

虽然有很多学校不愿意接受陪读，但这并不代表这种状况不会改变。有一些孩子，开始在教室里出现严重的行为问题，当老师尝试多种方法却看不到效果,也不愿放弃孩子时,就有可能会重新考虑其他解决方案,愿意尝试一下陪读。

也有另一种情况,学校并没有太排斥陪读,只是需要"观望"一段时间,我们合作的一所幼儿园就是如此。这所幼儿园老师知道我们的孩子需要特别的辅导,同时也清楚学校有师资上的限制,无法即时在孩子出现问题行为时给予协助,因此他们同意让我们的陪读老师入班。一开始,校方只给予陪读老师半天的时间入班,时间越是短,建立良好的关系就越是首要的任务。我们发现陪读老师与班级老师之间的关系很微妙,陪读老师努力扮演他不干涉老师教学的角色,适时地协助孩子,过程中发现班级老师随时都在"观察"他,甚至还会向家长报告陪读老师的状况。

我们能理解这些都是正常的过程,于是陪读老师透过与老师持续沟通、密切合作,经过一段时间,不但看到孩子进步了,也获得了老师的信任。不仅如此,班级老师还希望增加陪读时数,期待能在我们身上也学到一些引导孩子的方式。这个实例告诉了我们,如果希望学校接受陪读老师,就应该尽可能地让他们体会到陪读的好处。也就是说,陪读老师必须要有一定的专业能力和经验,才能达到这样的效果,不是随便找人来"陪"就足够。

与校方沟通

孩子是否能有陪读老师,必须先通过园所这一关。有些学校有所顾虑，因此接受陪读的意愿低，家长在这个时候也不要勉强，毕竟立场不同。但是如果家长觉得陪读是有必要的，可以在选择幼儿园时，先与园所的园长沟通，询问一下他们的意愿与接受度，有意愿的再纳入选择。以我们从前陪读过的园所经验来看，愿意接受陪读的园所，各有他们愿意接受的原因，有些是他们知道自己对特殊儿童的认识有限，希望能从陪读老师身上学习一些技巧；也有些园所人力不足，多了个人就等于多了个帮手，有总比没有好。

不管原因如何，家长要与学校先沟通陪读老师扮演的角色，让他们安心，才有愿意尝试合作的可能。在与园所沟通之前，爸妈要与陪读老师讨论他在教室里的角色，理清陪读老师会在什么情况下协助、什么情况下需要配合班级老师等，再把这些内容传递给园所，让他们更明白陪读老师的责任范围。家长在过程中需要担任协调者，从陪读老师这里了解他的功能，与园所讨论过才能知道是否可以媒合成功。

与班级同学沟通

当陪读老师入班，很多老师心中都有个顾虑：其他的孩子会怎么想？该如何对他们解释？为了避免孩子因为陪读而被"特殊化"，我们发现老师的说法是个关键因素。有些老师会让同学知道，陪读老师也是学校的老师，会跟他们一起上课，有时需要帮助某个小朋友。小朋友的感觉取决于老师怎么说，讲得越自然，越不去放大这件事情,小朋友就越不会大惊小怪,到最后陪读老师就是班上的一位老师,也不会因为这个人的关系,而以特殊的眼光看待我们的孩子。

3　谁来陪读?

陪读的人如果掌握不好,容易成为孩子融入环境的阻碍。我们看过很多例子,是陪读者以个人在意的观点去扮演陪读这个角色,如果不以孩子为出发点,最后的结果反而会是两败俱伤:陪读者感觉受挫,孩子也降低了学习的意愿。不同的人有不同的立场、角度,但是终究对孩子最有利的,还是以客观的角度去看孩子的需求。把融合视为目标,利用陪读来帮孩子达成这个目标,朝这个方向去思考,我们来看看不同的陪读者可能会造成什么样的影响。

家长适合吗?

以我们的经验来看,家长通常并不适合陪读,因为"家长没有办法扮演老师的角色"。在小朋友眼中,陪读老师应该就是学校的老师,而不是谁的妈妈,光是"○○○的妈妈"这个角色,就会影响同学对孩子的看法，让孩子在班上更显得突兀，跟别人更不一样。

另一方面，有些家长在陪读的时候，面对的是自己的孩子，当妈妈看到孩子不专心、跟不上同学、被欺负或是有行为问题时，不可能没有情绪、完全保持中立。情绪会模糊焦点、影响判断能力，所以当家长有情绪时，很难理性引导孩子。除了陪读时的压力，平时在家照顾孩子也有压力，这些多重的压力只会让爸妈更疲惫，带来更多负面情绪，对家长、孩子双方都没有好处，陪读也很难持续下去。

相反地，只要不是孩子的亲人来陪读，就不会有私人感情的投入，较能以客观、中立的眼光去看待孩子的问题点。陪读老师需要有一定的专业程度，不会让孩子的行为影响自己的情绪，这样才能以理性、对孩子有帮助的方式去处理孩子的问题。当然，如果孩子需要陪读，但是家长找不到专业的老师，或是有经济上的考量，那么由家长来当陪读老师可能是当下唯一的选择。

当家长成为陪读老师，还是有一些方式能有效率地帮助孩子，这里有几个小建议希望家长可以用来自我提醒：

1. 时常提醒自己的角色，在教室里尽量保持中立，观察并学习班上老师对所有小朋友的态度。
2. 尽量不要给自己太大的压力，处理自己有能力处理的，那些会让你有情绪的情况，尽量寻求老师的协助。

3. 记录下孩子在教室里的表现，并持续与孩子的治疗师和老师沟通，来获得一些能帮助孩子融合的策略。

工读生陪读老师

工读生背景的陪读老师，大部分都还在上学，不然就是刚毕业的学生，他们虽然有足够的热情，但是本身的经验不足，只能做到基本的协助。像是小朋友不会穿脱室内鞋，陪读老师就来帮忙，或是小朋友做劳作时不会剪纸，陪读老师就带着他剪，也有情况是当小朋友有情绪时，陪读老师只会在一旁安抚。

非专业的陪读老师知道的辅助方式也非常有限，不是常常用肢体协助，就是一直口头提醒。其实提示法有很多类型，应该先了解孩子的状况再选择适合的方法，而不是统一套用在每件要协助的事情上。这样非专业的辅助通常只能提供暂时的帮助，陪读的效果其实不大。长远来看，这些在一旁辅助的方式并不能让孩子真正融合，反而会让孩子一直依赖有人在旁边"帮他做"。

专业陪读老师

专业的陪读老师，应该要具备基本的知识背景，对于特教或教育相关领域有相当的了解，最重要的是，一定要对我们孩子的特质有所认识。在这里特别注明"专业"陪读老师，意思指的不只是在孩子身旁多了一个人，而是要强调陪读是一项大工程，目的不仅在于协助孩子融合，还要能跟老师建立互信关系。

前面曾经提过，陪读老师非常重要的责任和能力，在于与班级老师建立关系，过程中的"磨合期"需要发挥一些沟通技巧，才不会弄巧成拙，因此这会是选择专业陪读老师的重要条件。爸妈一定要有正确的观念，陪读老师不应该只是自己做自己的，而是要与班级老师合作，让融合的过程更顺畅，最后，陪读老师终究是要退出的。

在可行的范围内，如果陪读老师能与疗育老师沟通孩子现在已有的能力，例如孩子是如何学会这些能力的，或是孩子正在加强的技能，这些资讯就更能发挥他在教室里的角色，把疗育课程引导孩子的方式在幼儿园里执行，帮孩子练习类化，让孩子能学以致用。这就是专业陪读老师跟一般陪读老师最大的区别，他们能有效率地让孩子将疗育的成果在日常的情境中发挥出来，促进疗育与生活的联结。

这样专业的陪读老师在哪里可以找到呢？虽然目前并没有一个很完善的陪读老师培训制度，但还是有一些管道可以试试看。最快速的方式是透过现在孩子正在接受疗育的单位，询问该单位现有的资源；另外也可以直接搜寻其他早疗机构，或是上网查询关键字。找到陪读老师以后并不代表就此结束，一定要询问老师的培训背景及经验，以及是否有其他家长分享这位老师的教学和感想，这些都是在选择陪读老师时很重要的指标。

4　陪读的评估

专业的陪读老师需要一个能检视孩子能力的工具。我们可以透过陪读简易评估表观察记录孩子在幼儿园的状况，了解孩子在学校的每个学习基本环节中，是不是具备了足够的能力。这份评估表的结果，将会作为陪读老师规划陪读目标的参考。

幼儿园陪读简易评估表

标准说明：下表中关于能力说明的部分如有多项举例，只要出现其中一个例子就算"有"该能力，请老师在方框中勾选，并在评估表的备注栏中描述该学生能力概况。

类别	能力	说明	备注
先备能力	☐ 安坐	以活动为主，例如绘本共读 15 分钟，他是否能和其他小朋友一起安坐在地上 15 分钟	
	☐ 能注意到教学者	上课时能注意到老师在说话	
	☐ 寻求他人协助	任何人、任何需要协助的情境皆可	

（续表）

类别	能力	说明	备注
先备能力	□ 模仿同伴	立即性地模仿小朋友正在做的事	
	□ 观察性学习	看完老师教同伴，自己也能学会（不用老师亲自教）	
自我管理能力	□ 受挫时能调适情绪	受挫时是否能以合适的方式因应，并在5分钟内恢复情绪	
	□ 独立如厕	自己去如厕、冲水、洗手、擦屁股	
	□ 清洁与收拾物品	收拾餐具或玩具、擦桌子以及摆放桌椅，等等	
	□ 独立进食	独立使用餐具喝水、吃饭	
	□ 跟随班上流程	知道进教室先换鞋，放书包、水壶，洗手，知道吃饭先洗手、拿碗、排队盛饭，吃完擦桌子，等等	
	□ 配合情境转换	前一个活动转下一个活动时能无情绪、不抗拒或不拖延	
	□ 配合参与团体活动	能独立参与团体活动或游戏	
	□ 攻击行为	包含负面的话、作势伤人、骚扰别人、伤害及破坏行为	
课程理解能力	□ 听从教学者指令	课程相关指令，例如"涂上胶水再对折""中班小朋友请站到最前面跳舞"	
	□ 模仿教学者操作	课程相关模仿，例如模仿老师排出1到10的字卡、模仿老师用针线穿珠珠	

（续表）

类别	能力	说明	备注
课程理解能力	☐ 独立完成活动	当老师带活动时，能独立执行自己的部分，例如独立完成卡片、独立画完作业单	
	☐ 课程中的表达能力	在课程活动中能适时回答问题、表达自己的想法	
沟通能力	☐ 表达一般需求	例如不理解指令时、被同伴欺负时、想要玩玩具时、想上厕所时、想吃点心时，能不能主动表达需要	
	☐ 向他人命名或分享事物	能主动命名情境中的事物或分享自己的感觉	
	☐ 能回答他人问题	能回答别人的问题或向别人提问	
社交互动能力	☐ 主动与同伴互动	能主动向同伴说话、找同伴玩、分享物品、打招呼，等等	
	☐ 回应同伴的互动	回应同伴的话语、回应同伴的游戏邀请、接受同伴靠近一起玩、收下同伴分享的物品，等等	
	☐ 参与同伴的游戏	能玩同伴的玩法、游戏时配合同伴扮演特定角色、一起想出一个玩法，等等	
	☐ 解决互动上的冲突	出现冲突或不一致的做法时，能一起解决、妥协、澄清或道歉	

5　陪读的目标

孩子进入学校，目的就是要接受融合教育，但是融合不单单是指孩子能在学校里待得住、不出现问题行为就好，而是希望他们能真正地融入班级的学习环境，并且学到新的能力，这才是我们送孩子去学校的目的，也是家长和陪读老师该努力的方向。就如同任何人要适应一个新环境，都有许多困难需要依照轻重缓急一一克服，孩子上学也一样，在这里我们提供一些有助于孩子适应的目标，并且依照优先顺序排列。孩子现有的表现就是老师陪读的指标，如果评估后发现孩子缺乏某项能力，而这又是孩子在学校所需的能力，陪读老师便应该依照优先顺序拟订陪读计划。

1 建立正向师生关系

我们的孩子都有一些共同点，其中一项就是适应力比较不好，当他们对新事物无法接受时，我们通常看到的就是一些外显的情绪及行为问题。很多孩子在上幼儿园的初期,都非常抗拒上学,有的会大哭大闹、不进教室,严重的还变得焦虑、开始尿床或是做噩梦。在这个时期,孩子会特别敏感,任何一件小事都有可能影响他的心情、他对学校的印象。为了让孩子喜欢上学,家长和老师都需要花点心思营造一个愉快的环境,创造一些好的经验,从过程中让孩子对新环境产生正向的情绪联结。

小技巧:利用孩子喜欢的事物来建立关系

家长可以先与老师沟通,了解学校是否有孩子喜欢的活动或教具,孩子一进入教室就先让他接触,也就是一开始就让孩子做他喜欢的事。过程中,老师以孩子可以接受的方式与他互动,经验告诉我们,孩子的经验越是正向,他就有越多的正向情绪,有了正向的情绪,他就越愿意接受新的挑战,也会越喜欢来上课!

2 处理行为及情绪问题

就算孩子愿意去上学,也不代表他没有行为或情绪问题。如果我们不优先处理这些问题,孩子的状况其实是不稳定的,也无法好好学习。在处理情绪及问题前,要先理清产生这些状况的原因,这样才能针对问题点做处理,只不过这需要时间来观察,除非老师有足够的人力及专业度,不然很难做完整的分析。

> **小技巧：用记录表来分析孩子的状况**
>
> 孩子出现情绪或行为问题，这些表现都是在告诉我们一些信息，他到底是生理的状况（饿了、累了）、想逃避某一堂课，还是想得到注意？学会运用一些记录的表格，就能对孩子的行为做初步的分析，有了正确的分析，才能让我们在选择处理方法时，做出比较适当的判断。

以时间点来记录行为、情绪问题

有些行为会在某个时间点出现，持续观察行为出现的时间点并记录发生的次数，比如每天孩子在早上十点三十分都会哭闹，每次哭闹都记录一次，持续三到五天，如果哭闹都发生在固定的时间范围内，就可以推论是否与生理需求相关。

时间	星期一	星期二	星期三	星期四	星期五
9:00—10:00					
10:00—11:00					
11:00—12:00					
12:00—13:00					
13:00—14:00					
14:00—15:00					

以课程内容来记录行为、情绪问题

排除了生理的因素，如果孩子不定期出现行为问题，可以利用下面的表格记录，判断行为是不是因为某项课程内容才会出现，这个记录表格也是需要持续一段时间才能看出一个模式。

课程类别	行为描述	发生次数
英语课		
语文课		
美劳课		
音乐课		
体能课		
数学课		
主题时间		

描述行为的前因后果

如果老师没有办法全程只关注一个孩子，可以针对某一个困扰你的行为，记录当下的状况。这个记录表格需要记录四个元素：前因（当下的情境）、孩子的行为或情绪、发生后的后果（可以是老师给的，或是其他自然的后果）、行为的改变。

日期（时间）	前因	行为	后果	行为改变
1/5（8:34）	老师在说故事	小华抓同学的头发	老师制止小华	小华大笑

依照记录做好分析后，在选择引导孩子的方式时会比较有方向。假设孩子是为了要引起注意而哭闹，那么老师可以教孩子如何运用适当的方式来引起注意；如果孩子是因为想逃避课程而哭闹，老师可以先思考孩子逃避的原因，是课程太难还是没有兴趣，再针对这些困难点去调整教学等。

3 教室的规范

我们的孩子对规范很难理解，加上他们语言能力多半落后、控制能力差，用一般"说教"的方式效用不大。口头提醒或是肢体协助的方式对孩子的帮助有限，过度使用会使孩子产生依赖，如果老师不提醒、不协助他了，孩子就不会有所动作。一个可以避免过度协助又可以帮助孩子理解教室规范的方式，就是把规范以图像的方式呈现，正因为孩子在视觉上学习的能力比听觉上的学习能力强，这种方法能让他们更容易接收我们要传达的信息。

小技巧：图像提示的运用

老师可以先设想好平常孩子需要遵守的规范，建议尽量是孩子每天都会接触到、每天都可以练习的，把这些变成图像来提醒孩子才会有意义。这里需要强调，我们所谓的规范，并不是一般在教室里贴在墙上的规范标语海报，那一种海报说白了，只是装饰作用，对孩子根本起不了作用。

在这里指的规范，是每天孩子会接触到的事物，比如在老师说故事的时间里，老师会提供机会让小朋友发问，这时候可以给孩子看一张举手的提示卡，让孩子知道什么时候适合举手发问；或是下课要排队时，老师可以举起排队的图卡，让孩子知道现在要做什么。在哪里放上图像提示也很重要，若是放在离孩子距离远的地方，孩子并不会看到，那么就更不会做。

我们可以把图像提示放在靠近学生的地方，或是如果有额外的助理老师、人力，可以在学生需要时，拿出图像给他

看，带着他照着图像做出动作。研究显示，图像提示不但可以有效帮助孩子理解要做什么事，不再提供提示之后，也比口头提示更容易促使孩子主动表现。

4 增进同学之间的互动

能与一般孩子在一起上课、玩耍、交朋友，是家长把孩子送去幼儿园的一个主要目标。单单把孩子放在幼儿园的环境中，除非孩子已经有一些基础的互动能力，不然不太有机会能自己发展出社交技巧。因此，千万不要认为幼儿园每天都有自由活动、游戏的时间，孩子就会跟别的孩子玩在一起。反而我们最常见的状况是，孩子自己到处游走，不然就是自己玩自己的，就算是跟其他孩子玩得起来，玩法不是很单一、没变化，就是无法持久。当其他的同学发现孩子主动性低、跟他在一起玩的时候乐趣不大，同学接触孩子的意愿也会跟着减低。

小技巧：营造互动的机会

希望孩子能跟同学一起互动，提供正向经验是很关键的一个要素。简单来说，就是要创造一些能让孩子感到快乐、自信的情境。如果可以，在自由活动的时间里，带一两位同学跟孩子一起进行他们都感兴趣的活动。孩子经历了这样开心的气氛，在过程中累积了正向的情绪联结，慢慢就会开始对同学感兴趣，也会主动观察并接触这些同学。

选择适合孩子的游戏，也是营造成功互动的其中一个关键，而最理想的游戏，是孩子们都能理解又都有兴趣的游戏。建议一开始先选择规则简单的游戏，再逐渐调整游戏的难易度，当然，如果这个游戏不是孩子平常就随手可得的游戏，那么这种新鲜感会让孩子们有更大的动机参与。选择适合的同学作为孩子互动的对象也是一个关键，先了解孩子的个性很重要，有些孩子很内向，如果搭配到强势又喜欢主导的同学，可能会让孩子更退缩，反而互动不起来。

另一个选择同学的方式，是透过平时对孩子的观察，挑选出适合的同学。我们可以注意孩子平常会主动接触的同学是谁？他常常会观察哪几位小朋友？对谁最有反应？看到谁就会露出笑容？这些观察都可能给我们一些有用的信息，让我们知道孩子可能对哪些孩子有好感，当我们选对同学，便能让互动产生更多的火花！

选择游戏和同学

小奕就是一个很真实的例子。他是一个已经在学校融合的四岁小男孩，经过父母和老师努力的教导，他的能力已提升到接近一般儿童的发展水平，唯一让爸爸比较担心的是小奕的社交互动，于是找了我帮他设计一些社交能力相关的课程。我先请爸爸帮忙，分别邀请几个孩子到家里来玩，把孩子们互动的情况录下来给我看。

影片中我发现有两个小女生很适合做小奕的玩伴。这两

个小女生跟小奕都是同年龄，虽然都是正常发展的孩子，但是个性上很不一样：乔乔很安静，她很愿意配合小奕玩游戏，稳定度也足够，小奕跟乔乔在一起时，也会经常玩到哈哈大笑；玲玲跟乔乔完全不同，玲玲的话很多，玩游戏的方式是跳跃式的，也就是每个游戏都玩不久。这两个女孩都各自有她们的强项，所以借由她们的强项，我为小奕设计了两个互动课程。因为乔乔的稳定度够高，我请爸爸营造游戏的情境，引导小奕与乔乔一起玩，从中提升他的游戏技能。另一方面，玲玲喜欢讲话，语句也很丰富，可以刺激小奕的语言能力，于是我设计了一个让孩子对话的课程，小奕开始学习与他人一来一往的对话。这样的绝配，不仅激起了互动的火花，也因为帮小奕找到了适合他的同伴，进步的速度比我一开始预期的还要快！

5 学业辅导

因为我们的孩子在语言、理解能力上受限，加上他们跟一般孩子学习的方式不同，通常学一项能力需要大量的练习才能精熟。有很多孩子在认知的学习上，跟不上班上同学的脚步，就算跟上了，一般发展的孩子此时又向前迈进了一步，我们的孩子只能紧追在后。再来就是，我们的孩子对自己不感兴趣的事物都缺乏学习动机，如果他们发现课业太难、无法达成老师所定的目标或完成老师交代的任务，就会感到挫败，开始逃避上课，显现出来的就是孩子没有动机学习。

小技巧：先让孩子有动机参与

如果我们希望孩子学得好，必须要以动机为先，而不是先要求他要做得多精准、成绩多好。想提高孩子的学习动机，可以先从调整课程内容的难度着手。把内容调整到孩子能力可以做到的范围之内，比如班上小朋友都在上数量概念的课程，我们的孩子如果没有数量的概念，并不代表他不能参与。这时候可以把内容简单化，像是让孩子做一些与数量相关的作业：数字配对、数数、辨识相同数量等。另一方面，如果孩子是有数量概念的，只是没有动机学习，我们还是可以调整教学内容，好比在数量概念的作业单上，加入孩子喜欢的汽车，让他数汽车的同时，能够学习数量概念并完成老师交代的功课。

6 要陪读多久？

陪读要陪多长时间，跟家长的期待有关。如果家长只是希望孩子能适应新环境就好，那么当孩子情绪稳定了，就可以停止陪读。但是如果家长了解在教室里，老师能协助孩子的机会有限，那么家长可以选择拉长陪读的时间，帮助孩子上了学习的轨道再结束陪读。我认为在我们为孩子做任何决定之前，都需要深思熟虑。一旦做好决定、执行了，则必须有耐心等待一段时间，在这段时间内观察孩子的表现及反应：他是否受到了影响？还是状况虽然时好时坏，但还是有慢慢进步的趋势？

不管是什么时候结束陪读，家长都需要做好心理准备，毕竟孩子已经适应了有人陪在身旁，当这个人离开又不再出现时，一般的孩子都需要再经历一个适应期。适应期的长短因人而异，如果学校里有孩子喜欢的人、事、物，环境也渐渐熟悉，这时陪读老师就算离开了，适应期也不会拖得太长。除了做好心理准备之外，还要为离开做准备，也就是必须先与老师沟通，陪读结束后，对孩子的情绪及学习，有什么应对方法，让陪读的任务可以顺利结束，孩子也可以在老师协助下继续学习。这样，才不会枉费之前陪读的时间，效果也可以延续。

7　老师也有磨合期

当一位新来的人进入你的"地盘"时，一般人都会自然地出现防备心，对这个新来的人提出质疑，关注他每个动作。班级老师也一样，一开始都会分析这位"陪读老师"到底有没有真的发挥效用，还是只是在浪费家长的钱。说得这么直，是因为这是大多数园所刚开始对我们陪读老师的看法，不过这种心态是可以理解的，因为我们确实进入了他们的"地盘"。

陪读老师有了这样的认知，应该就能体会建立关系的重要性，愿意花心思与老师建立关系，培养彼此的信任感。而这一切需要时间，更需要技巧，拿捏不好则无法获得班级老师的信任，就更不必谈合作，陪读也就无法发挥最初的目的。倘若处理得当，不仅老师之间能互相学习、合作，当陪读老师不在场时，班级老师还会愿意继续执行陪读老师提供的策略，这是最理想的状况，陪读老师也可以慢慢朝着退出的方向进行。

从磨合中看到孩子的进步

丁丁老师在幼儿园担任大班的班级老师,他发现小东在教室里常常出现一些不适当的行为,像是捉弄同学、干扰老师教学等,造成了班上很多困扰。正好小东在我们的早疗中心上课,妈妈得知我们有陪读的服务,于是与园方先做了沟通,询问老师让陪读老师入班的意愿。征得老师的同意后,陪读老师就开始进入学校了。一直到正式陪读前,丁丁老师还不太了解我们陪读的执行目标,一开始也是在观察,看看陪读老师到底在做些什么。慢慢地他看到我们针对小东行为的记录及处理方法,也察觉孩子开始有了改变,因此在沟通中表达他愿意学习陪读老师的记录方式。

我们先由简单的记录方式开始,在老师可以接受的范围内,也就是能力上允许的范围,让老师了解我们为孩子设定的明确目标以及从记录中看到执行的效果。

这对我们来说是一大突破,从一开始的观察、沟通,到最后愿意记录,真的是很难得的合作经验。也因为丁丁老师愿意记录,原本只有陪读老师每周两次在场时才能观察到小东的表现,现在就算是陪读老师不在场,我们也可以透过丁丁老师的记录知道,在实施策略及没有实施策略的情况下,小东的表现如何,更能让我们从中判断这些策略是不是真的能减少小东的行为问题。

丁丁老师的记录单

日期	行为：分心	行为：未经许可取物或碰人	行为：说话未保持距离	行为：过度寻求协助
11/23—11/27	4次	11次	8次	2次
11/30—12/04	4次	8次	5次	0次
12/07—12/11	4次	5次	4次	0次
请假一周			
12/28—01/03	2次	4次	1次	0次
01/04—01/08	5次	4次	1次	0次

对于丁丁老师愿意尝试记录，我们很开心，也感激他愿意信任陪读老师，这是在陪读老师与学校老师合作上共同跨出的第一步。不过任何学习都是要一步步来，当熟悉记录方式后，在老师有意愿学习的情况下，陪读老师开始示范如何正确实施代币制度，把这个策略运用在处理小东的行为问题上。特别是陪读老师不在场时，丁丁老师还是可以持续记录、给予代币，比如老师给小东的代币可以累积到陪读老师在场时再一起兑换他想做的活动。

进行几次后，丁丁老师从这些数据中看见孩子的行为明显进步，渐渐地开始对我们产生信心，并询问我们关于孩子其他的问题行为，例如孩子会回嘴反抗老师，而平时的处理方式没用的时候，老师常常会觉得很困扰。我们与老师开会讨论和实际观察后，共同提出一些技巧策略来执行，才事隔一周，老师马上向陪读老师说："怎么会这么有效！不只是对小东，对班上所有孩子都很有效果！"

老师之间的合作从一开始的试试看、共同观察到孩子的问题，到后来一同运用有效的策略，明显看到了孩子表现进步，彼此建立起了很好的合作关系。现在班级老师都会主动与我们分享孩子的表现呢！希望借由共同的努力，老师能把方法融入他自己的班级生活，朝着陪读老师终究都是要退场的目标前进。

一致性对孩子的帮助

在陪读开始前，我们都会事先与老师讨论为陪读的孩子设计的目标和策略，也表达会配合老师的教学，不会干扰老师。从我多年的教学经验来看，如果在策略实施后，亲师或周遭主要的照顾者对待孩子都能有一致性，孩子才会清楚知道大家的标准，学习的成效也会较明显。因此我们与光光老师沟通，希望在不干扰老师上课的情况下能尽量彼此配合。

光光老师虽然口头上答应，但心里还是质疑、有自己的想法，于是继续使用他觉得对孩子最好的方式，这些我们都看在眼里，但还是能体谅老师的心情。只是由于我们的做法不一致，小奇对这些不同的标准感到混淆，在数据上呈现出不稳定的表现，他的行为有时好，有时又不理想。这样的方式进行几周后，小奇开始出现其他的逃避行为，同时在我们的记录单上发现，原本的问题行为次数没有减少，反而增加了。

这样的状况让我们很焦急，紧接着又开了一场会议，陪读老师表明了我们都尊重老师，只是必须说明这些策略背后的功能和重要性，再一次与光光老师沟通他的想法，努力想在讨论中达成共识。光光老师后来提出他先不处理小奇的行为问题，让陪读老师执行，想看看在不混淆孩子的情况下，是否真的能改善这些行为。果真，孩子的逃避行为慢慢减少了，光光老师也察觉到孩子的变化，有一天，很意外地，光光老师主动询问他是否也可以执行同样的策略！我们与家长都感觉到，老师其实是渐渐开始信任陪读老师了。几个月后，陪读老师与光光老师商量，因为小奇比较缺乏与同伴的互动，我们想利用自由活动时间，找一位同学跟他一起游戏互动。当天刚说完，光光老师马上在自由活动时间带全班孩子一起到韵律教室，营造两个孩子一起合作和互相帮忙的情境游戏，引导小奇练习他需要学习的社交目标。这样的合作促使我们的孩子有更好的学习机会与环境。

那次的经验让我们深深体会，人与人之间的磨合需要时间，沟通也需要持续尝试，同时，更需要双方卸下防备心，并敞开心胸接纳及尊重彼此的角色，才有可能真正帮助到孩子。我们从磨合中的一些正向经验，看到老师与陪读老师之间产生的变化，发现了合作的好处。不只家长开心，解除了老师在班上的困扰，也帮助了孩子，真的是好处多多啊！

8 陪读案例分享

如果光靠一般的描述方式，很难具体指出陪读的效用，对于所有的教学，我们知道记录的重要性，从一些数据的记录中可以看到孩子学习的状况，比如他跟同学说了几次话、玩了几次，或是他连续几天都不再出现行为问题等。以下是几个成功陪读的例子，希望可以帮助爸妈更加了解陪读是怎么进行的。我们透过观察，帮每个孩子设定了需要学习的目标，然后运用经过研究的教学策略来引导孩子，最后从记录中看到了孩子的进步！

不会跟同学玩的婷婷

婷婷是一位五岁的活泼小女孩，一开始婷婷妈妈来找我的时候，只是担心她上课常常不专心的状况，但是当我们做完孩子的能力评估后，发现婷婷缺乏的能力除了专注力以外，还缺乏与同伴互动的技巧。社交技巧从发展的角度来看，是一项需要持续累积的能力。如果孩子在婴儿时期就出现缺乏互动技能的情况，像是叫他名字时没有反应、很少与人眼神接触、对其他孩子没兴趣、分享式注意力（孩子能注意他人正在注意的事物）不足等，那么那些更复杂的社交能力，像是主动参与游戏或是与同伴对话等，并不会随着孩子年龄增长而自然地发展出来。也就是说，如果孩子连基础的与人互动的能力都没有，建立这些基础的条件便是当下需要协助孩子加强的主要目标。但倘若孩子已经有了基础的能力，父母或老师可以运用教学策略来诱发孩子表现出他的社交技巧，而游戏就是一种有效的策略。

婷婷一开始就已经具备了一些基本的社交能力，但是在一来一往的双向互动上还是明显有困难。于是我帮她设计了游戏的社交课程，透过不同游戏来增加正向的互动机会，也让她练习不同类型的社交技巧。透过多次的练习，很快地，婷婷交到了一个好朋友，每次来上课都会玩在一起，感情相当好。

有一回婷婷妈妈跟我分享婷婷在幼儿园的状况，她说虽然婷婷在疗育课上都能表现出适当的社交技巧，但是在幼儿园却无法有相同的表现。她很着急，不知道问题出在哪里。我向妈妈说，有时候孩子在一个地方学会的能力，有可能因为环境改变了、换了不同的人，或是教材变了，而展现不出来，这就是所谓的类化能力不足。因此当孩子进入一个新的环境，家长或老师需要特别留意，如果能复制之前学习时的成功经验和情境，孩子就更容易将先前所学的运用到新的情境里。

为了要了解婷婷的困难点,我们的陪读老师到幼儿园观察婷婷与其他孩子的互动,过程中发现有一次几个孩子在一起聊天,婷婷听到了她感兴趣的话题,于是就直接插话,但是她说话时并没有看着其他小朋友,只是讲出自己想说的话。讲完之后其他小朋友有回应,可是这个时候婷婷却没理会就转身离开了,留下的只有小朋友错愕的表情。另一个情境是有一些小朋友在玩玩具,婷婷看到了很想参与,但是她却不懂得如何询问他们可不可以一起玩,只是在旁边喃喃自语:"我觉得这个游戏很好玩。"

◆ 在教室中营造正向的互动机会

如果我们指望孩子能自然地在自由活动中学到足够的社交技巧,那就太不实际了。当然,一般的孩子能透过观察和引导来学习,但是对一些孩子来说这些练习的次数并不够多,能学到的社交技巧类型也有限。为了营造更多的互动机会,我们为婷婷设计了桌上游戏,陪读老师每天都会安排十五分钟左右的游戏时间,并利用自由活动时间让婷婷自己选择一两位同学一起玩简单的桌上游戏(例如,合作完成拼图或搭积木)。这个课程的重点不是游戏本身,而是要增加小朋友之间互动的机会,陪读老师将目标设定在:

1. 开启话题;

2. 回应同伴；

3. 眼神注视；

4. 赞美同伴；

5. 主动与同伴互动。

不仅是设定目标，陪读老师还会在游戏中引导，适时给予提示，确定婷婷有足够的练习机会，另外同时记录婷婷的表现。

◆ 成果分享

透过老师设计的课程，婷婷真的进步好多，到后来陪读老师会在婷婷选择游戏的时候给予建议，目的是让婷婷自己学习挑选适当的活动。现在她能够眼神注视同学并主动邀请小朋友一起玩游戏（例如，婷婷拿出益智角落游戏规则的说明书并询问同学："我们来做这个好不好？"），同时也能够适当地主动与同学开启一个话题，与小朋友聊天，并回应对方说话的内容。因为平时陪读老师会持续记录婷婷的学习进展，从记录中我们也发现她主动与小朋友分享的次数渐渐增加，才练习了十三天，婷婷就能在十分钟内主动与同学互动六次，不仅是互动次数增加，她的技巧类型也变多，有一次她竟然还很骄傲地向小朋友分享了她刚完成的美劳作品呢！

婷婷观察记录

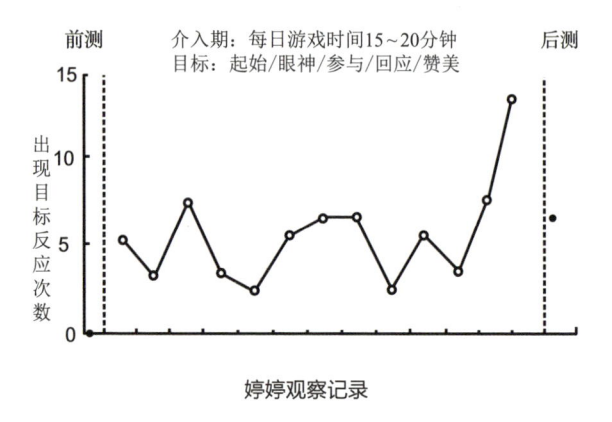

前测和后测：老师让婷婷和另一个小朋友在一个空间玩耍，在10分钟内观察婷婷主动与同伴互动的次数。

介入期：老师引导孩子一起互动13天，在游戏时间内引导婷婷与同伴开启话题、眼神注视同伴、主动参与活动、回应同伴，以及赞美其他孩子。

婷婷与同伴分享美劳作品

忘东忘西的美美

四岁的美美在幼儿园上课，当老师请小朋友交出联络簿或其他物品时，总是发现美美翻着自己的书包却找不到联络簿。老师问美美："你忘记带了吗？"美美回答："都是我爸爸啦！他没帮我放在书包里。"老师告诉美美收拾书包是自己的责任，应该自己学习整理。虽然她也答应老师会好好整理自己的书包，但是每次还是忘记老师交代要携带的东西，次数频繁到已经造成老师的困扰。另一方面，家长工作繁忙，无法时常协助美美整理书包，加上这状况迟迟没有改善，老师最后为了预防美美又忘记，干脆多影印一本放在学校让她使用。

美美的收拾书包工作表

陪读老师知道美美很喜爱公主娃娃，于是帮她制作了一张收拾书包的工作表。在这张工作表上，融入美美最喜爱的公主娃娃图片，美美看了非常喜欢，也很有意愿配合。接下来，陪读老师教导家长使用工作表的方式，隔一周后，幼儿园老师觉得漏带东西的状况明显改善许多，之后还连续两周都没有忘记带任何一样物品。妈妈觉得非常神奇，也与陪读老师分享，提到在家里练习其实只有两天的时间，第三天美美就能自己主动照着清单上的物品整理书包，而妈妈负责做最后的确认，看到这样的进步，妈妈和老师都觉得这真的是个很棒的方式！

跟不上上课流程的小查

　　三岁多的小查以前一进教室就发呆，不知道该先做哪些事，需要老师一样一样带着做，小查的妈妈很担心他无法跟上其他孩子的步调。事实上，一般的教室都很嘈杂，干扰也特别多，容易分心的孩子常会在这样的环境中，被不相干的人或物吸引，忘记自己当下该做些什么事。

　　我们知道小查是视觉性学习（可以透过"看"来学习很多事物，只要看过就不太会忘记）的孩子，就在陪读老师入班后，利用每样活动的图卡做出活动流程表。在各步骤开始前，让小查看图卡作为视觉提示，并视需要提供肢体协助，让小查一一完成换鞋、放水壶、放书包等活动。每个活动做好后都让小查撕下图卡并贴在完成的栏位作为提醒。经过一段时间的练习，陪读老师逐渐减少给小查的肢体协助及口语提示，也不需要再使用活动流程表。现在小查已经记得进教室后该完成的每样活动，虽然偶尔分心，也只需要老师用手比一下方向，就知道接下来该做什么啰！

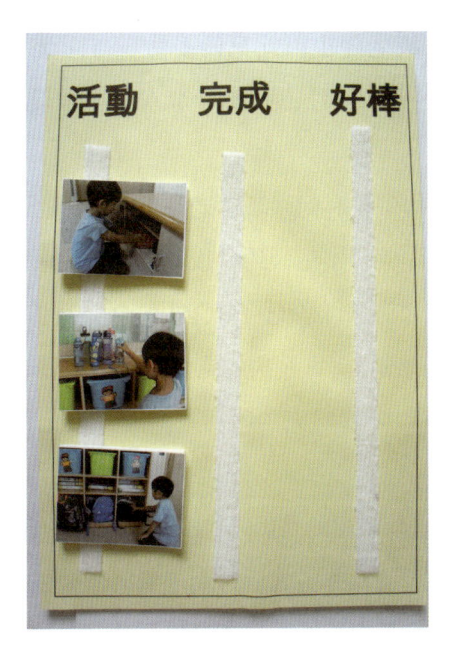

小查的活动流程表

在学校不吃饭的佑佑

佑佑有严重挑食的状况，他只吃白饭和重口味的咖喱饭，连菜也只吃卷心菜，甚至是同样的卷心菜，只要换了一种方式来料理，佑佑也完全无法接受。他会一直拒绝并说："我不要吃！我不要吃！"使全家人感到头痛。到了上学后就更伤脑筋了，因为在幼儿园不可能像在家中一般舒适，要吃什么有什么，或是有人全程在旁协助用餐。虽然班上的老师通常都会协助喂食，但佑佑是个有自闭症的孩子，说不吃就不吃，对他越强硬反而他越反抗，班级老师也因此只能妥协。与同学一起用餐，是学校生活中的一般流程，因此这个状况马上被设为陪读的一项目标。

利用园所的午餐时间，陪读老师设计了一个策略，老师装半碗白饭加一样菜，菜量大约是饭量的四分之一，然后让孩子吃一口班上的食物，再搭配一口喜欢的食物（喜欢的食物随机更换并由家长准备）。每一次的吃饭抗战，陪读老师都会记录开始用餐时间到全部吃完的时间，同时也会记录吃了几口的饭量。

因为陪读老师采用的是正向奖励的方式让孩子吃饭，佑佑比较不会有情绪上的反弹。之后每到午餐时间，佑佑开始变得愿意尝试，老师只是在装饭，都还没说开动时，他就主动向老师说："我要吃一点点"或是"我要吃小小口就好"。经过两周的时间，妈妈自己与我们分享从不吃卷心菜以外的青菜的佑佑，竟然在家里也开始接受了其他青菜。现在渐入佳境，从半碗饭、一样菜（分量是饭的四分之一）由老师来喂，接着进步到三分之二碗饭、两样菜，由老师协助放入嘴巴，到最后一整碗饭，两样菜一样肉，由老师挖好饭后自己放入嘴巴。

班级老师近期常常说佑佑真的进步很多，以前只有喜欢吃的东西才能让他动汤匙，经过训练后连原本不喜欢吃的也能自己用汤匙吃，挖饭的动作也熟练多了，现在已经能与班上同学一起用餐啰！

第六部分

改善学习从亲师合作开始

1 另一个增进孩子学习的关键：亲师关系

家长、老师如果不在同一线上，不只大人辛苦，孩子也辛苦；家长、老师如果不在同一线上，再怎么样理想的环境，孩子一样学不好。讲白了，家长、孩子、老师是环环相扣的，就像一个家庭一样，任何一方有问题都会影响每个成员。唯有正确地认知，重视这个关键的铁三角，才能朝共同的方向来努力同心合作。把彼此当作好伙伴，这才是对孩子最有帮助的。

我曾在美国纽约一所学龄前的学校（Fred S. Keller School）担任家长培训部门的主任，因为许多研究证实，亲职教育对孩子的发展有着不可取代的重要性；在孩子的学习过程中，家长的参与，和孩子的学习、情绪、行为等各方面的发展及表现，更有直接的关系，因此我设计了一系列的培训课程，目的就是要帮助家长在教养上能更轻松。在这一系列的课程规划当中，每个月都会有：

1. 符合家长需求的讲座，包括如何建立孩子的关键能力、提升孩子的学习动机、如厕训练、亲子关系、处理孩子的行为及情绪问题等；

2. 教学示范，也就是直接向家长示范我们是如何教孩子的，并让家长实际操作；

3. 每个星期一次的一对一咨询时间，在这个时间内，我会为孩子设计学习目标，向家长说明教导孩子的方式及步骤，并请家长回家练习，在下一次的咨询时间再一同讨论孩子的状况。

我和美国哥伦比亚大学的教授进行了长达两年的研究，想了解家长的参与度是否真的会带给孩子影响。我们找了三十位小朋友，学期初时每个孩子在评估报告上都是落在同一个范围之内。后来我们把孩子分为两组，每组各十五位孩子，唯一的差别是：一组孩子的父母是全学年都来上家长成长班的，而另一组孩子的父母则是没来上过课的。研究结果发现，持续参加家长成长课程的父母，一年之后，他们孩子的全方面发展都有很大的进步，因为父母在家中学会提供多元的学习刺激，孩子的学习能力提升了，在学校里的吸收能力也更好了；而另一组的孩子，全方面的学习都出现了落后的状况。

这项研究告诉了我们，家长的参与度的确是孩子学习的关键，但是还有一个研究报告中没有提到的关键，就是亲师之间的合作与沟通。我们要知道人都有自己的想法和背景，就算已经达成共识，都是为孩子好，有时想找到适合彼此的合作方式并没有那么简单，这需要彼此尊重、互信，更需要有良好的沟通，才可能做到。以下让我来分享一些亲师之间沟通的技巧。

2　给家长：如何与老师沟通？

在开始之前，我要先说，亲爱的爸爸妈妈们，你们真的是辛苦了！当你发现自己的孩子跟别的孩子不一样的时候，心里的那种焦虑只有自己最懂。当你带孩子去医生那里得到诊断之后，你的世界就开始瓦解，曾经对孩子的期待与盼望似乎变得遥远，摆在眼前的只有那些听不懂却又源源不绝的资讯，从孩子的症状、该如何安排疗育课程到选择学校等，都要自己一一去摸索。每天你都在做选择，生怕做错了一个决定，就耽误了孩子的未来。

一旦你把复杂的心情整理好，孩子的课程也渐渐上了轨道，另一个学习的阶段又要开始。你需要面对的有治疗师、老师，这些对孩子有直接影响的人，在孩子的生活与治疗的路上，扮演着极重要的角色。如果亲师没有办法同心合作，不仅浪费了你的心力、金钱，也浪费了孩子的时间。在达到顺利合作的阶段之前，必须先通过一道重要的关卡，那就是"沟通"。沟通是建立良好关系的一项重要元素，这是十几年来我培训老师及家长的心得。因为我曾在美国的一所学校担任管理家长部门及师资培训的督导，这些年来，站在两边听着家长与老师各自的心声，才能整理出来一些我们常会遇到的盲点。我发现很多时候，亲师之间出了问题，纯粹只是因为沟通不良。

建立关系从信任开始

所有好的关系，都建立在"信任"的基础上，但是很多人却忽略了这一点，导致关系还没开始就已经被破坏。最常见的例子就是家长刻意隐瞒孩子是特殊儿童的事实，原因通常是不希望其他人对孩子抱持不同的眼光。这种心情其实很能让人理解，但是到底要不要让老师知道孩子的真实状况？不告诉老师会有影响吗？

身为家长，我能理解爸妈不愿意透露孩子状况的用意，但是换个角度为老师设想，不会有人不想知道自己学生的真实状况，因为每位老师都需要为教学做安排、做心理准备。老师有了足够的准备，才能应对教室中那些有可能发生但又无法预期到的状况。不告知老师，并不代表老师不会发现，我们要知道老师有多少带孩子的经验，他们与孩子一相处就能发现孩子之间的差异性。刻意不让老师知道，反而会在亲师关系的一开始就产生裂痕，很难建立信任感。

> **不愿意告诉老师**
>
> 阳阳妈妈好不容易找到了一间她喜欢的幼儿园，在很短的时间内就帮孩子报名，也注了册。妈妈心里知道阳阳有发展迟缓的情况，也在持续接受疗育课程，但是她并不想把孩子真实的状况告诉老师。这么做的原因是不希望孩子被贴标签，也不希望别人用特殊的眼光看待他，以为只要不说，老师应该不会发现阳阳的状况。没想到上学不到一周，老师就察觉阳阳跟其他孩子不一样。老师试着与家长沟通，得到的回应却是妈妈一再的否认，令老师很困扰，也很受挫。妈妈不接受的态度，使得老师想帮助学生的意愿降低，亲师关系渐渐变得疏远。到最后，老师也不想再尝试与妈妈沟通任何关于孩子的事，亲师之间的互动只剩下接送孩子时的礼貌问候。

老师都需要感到被尊重

人性是这样的，当自己被别人挑战，尤其是自己努力学来的专业受到挑战时，直觉的反应就是先竖起一道墙，先防卫再反击。如果是有修养的人，可能不会直接表现出自己的不满，但如果不能理性地处理被挑战的情绪，很有可能就会在暗地里做出不适当的事情。这是特别要提醒家长的，如果你挑战老师，让老师觉得不受尊重，想建立良好的关系就会增加更多困难。如果希望老师能用心教导孩子，是不是更该用智慧来处理，给老师基本的尊重呢？

以关系破裂收场

名名妈妈是个求好心切的妈妈,她的个性很直,很有自己的想法,有什么就说什么,很多时候她的出发点都是为了孩子好。但是不了解名名妈妈的人都会认为她很强悍,说话的方式给人很大的压力。有一回,学校的老师跟妈妈分享名名在学校的情形,其中的内容有好有坏。当老师提到名名在教室里尖叫时,老师说明他会暂时把名名带开,等他安静后再让他继续参加团体活动。妈妈这时反应很直接,否定老师的做法,告诉老师应该要怎么做才好,立即让老师感到不受尊重。这件事并不是单一事件,后续有很多类似的情况让老师心里不舒服,累积了一阵子,终于在一次谈话中老师情绪爆发,与名名妈妈起了争执,最后不欢而散。

名名妈妈事后很懊悔,又因为面子问题而不愿去修补跟老师的关系,虽然妈妈曾经想过要换幼儿园,不过想想要找到愿意收名名的幼儿园实在很不容易,于是也放弃了这个念头,告诉自己不要跟老师接触就好了。其实这样的处理方式并不理想,因为不去面对只会让关系变得更糟。果真,老师的心情受到明显的影响,之后每次看到名名,心头都会有一股莫名其妙的负面情绪。

有时说者无心,听者却有意,很多老师都反映,家长说的某些话其实他们特别在意,爸妈要尽可能避免这么说:

◆ 老师你好年轻喔!你生过小孩吗?

老师的心声:老师年轻没什么不好,年轻的老师有热诚又热情，处理事情比较有弹性，也因此更愿意吸收新知来教育孩子，再加上孩子都喜欢活泼的老师，这是年轻老师的优势。另外，有没有生小孩跟专不专业没有绝对的关系，就如妇产科的男医师没有女性器官、没有怀孕生产的经验一样，还是可以帮女人接生，重点是有没有专业的知识和能力。

◆老师，治疗师是这样教我孩子的，他教得很好，你要不要也这样教？

老师的心声：每位老师和治疗师都有自己的专业背景，以及各自所学的理论，要求老师依照其他老师的做法，不仅是一种不信任老师的表现，也不尊重他们的专业。在这里建议家长，多与老师沟通，进一步理解为什么老师选择某种方式来教导孩子，但是如果与老师沟通过后，你还是不认同老师的做法，而且发生多次类似的状况，也许可以考虑是否需要调整课程。

◆我孩子在家都会啊，怎么在这里不会？是不是老师你的教法有问题？

当老师描述孩子在上课无法表现出某种能力时，有些家长就会这样说。其实我们可以揣摩老师的心声：很多特殊儿童都有类化方面的困难，也就是当孩子换了教材、场所或对象，表现就会变得不稳定，这是很多特殊儿童在学习上普遍会出现的状况。

孩子能够在家表现得比较好，是因为他比较熟悉家中的人和环境。另外，老师和家长对于"会"与"不会"的定义也有差异。例如，妈妈说："我的孩子会自己说她想要的东西。"可是经过仔细询问，才发现孩子只会说两种想要的物品（娃娃、饼干），而在老师的标准内，"会"的意思是能说出在环境中常见到的多样物品。

另一个状况是妈妈说："我家儿子会自己辨识很多图卡喔！"可是老师怎么测试都看不到妈妈描述的能力，请妈妈示范时，才发现当妈妈呈现图卡时，会同时给予很多的提示，像是妈妈会说"不是这个，再试试看！"或是直接指给孩子看。提供这些提示，在老师的标准里已经不算是"会"，因为"会"的定义是孩子自己能独立表现。虽然只是认知上的不同，但是当家长无意地指出或暗示这是老师的问题时，带给老师的感觉就会像是在质疑他的专业度。

不要积压自己的想法

沟通时最大的一个阻碍，就是不说出自己真正的想法。我们不说，别人就不可能懂，这样累积下去，只会造成误会和更多的情绪，对谁都没有好处。我在跟家长沟通的时候，最怕的就是家长什么都不说，只是笑着点头。这种时候，除非我们是对方肚子里的蛔虫，不然不可能知道对方到底是听不懂、不认同，还是有什么其他的想法。所以，有想法就说出来吧！有问题就提问吧！

让老师知道你的需求，才能真正帮助到你和你的孩子。

沟通时，避免情绪化

特殊儿童的家长一定比一般家长辛苦，有情绪是理所当然的，但是你选择使用带有情绪的字眼来沟通，相信对方会很难接受，也无法回应你的需求。因此，尝试以理性的方式，具体说出自己真正的感受，让对方能了解你的出发点、你的担忧，一同以理性的方式来讨论。如果当下真的有情绪，先试着让自己冷静，把思绪整理好了再沟通，别因为一时的口舌之快而破坏了亲师关系喔！

要仔细聆听和整理

爸妈要接收那么多的教养新知，的确很辛苦，如果刚好是新手父母，所有接触到的信息都是需要重新学习的内容。每带孩子去上一次课，就有新的信息在等着你，当你无法负荷，不是脑子一片空白，就是只能选择自己听得懂的来消化。此时，你很容易聚焦于自己在意的"关键字"，以至于听得没头没尾，只选择自己想听的做解读，很多亲师之间的误会因此而产生。有些人在沟通上出了问题，是由于自己的主观意识太强烈，别人说的都听不进去，或是没听完整。

要预防这种状况，可以先尝试将对方所说的内容听完整，不添加个人的想法，消化过内容后再做回应。请记得，信息越多，越需要整理，统整过了，自己会比较有头绪，在沟通上，就能更准确地传达自己的想法。

3　给老师：如何与家长沟通？

很多时候我们以为"说话"就是沟通，如果我们有这样的认知，往往结果就是与人做"单向"的对话。然而真正的沟通应该是双向的：当你是讲者时，要以他人能接受的方式说出别人听得懂的话；当你是听者时，尽量避免以自己的主观意识去解读对方说的内容，不要选择性地只听自己在意的关键字，而是要试着理解别人的意思再做出适当的回应。在这里要强调，沟通的目的并不是一定要争对错，也不是一定要立即达到什么结果，而是希望从过程中更理解对方，找出一种彼此都能接受的互动模式。

这是十几年来我与家长沟通的心得，因为我曾经是特教老师，也在美国的学校担任管理家长部门的督导，现在身为家长，在这些经历中学到了很多技巧。也因此在培训老师时，我特别在意亲师沟通的训练，在开会时，更时常讨论要如何跟家长沟通，才能有良好的互动关系。

以下我要分享几个亲师沟通的技巧，特别是给老师的经验分享。

建立关系

与家长建立关系是首要的，当家长不信任你时，很多你想要提供的建议他们都很难听进去。那该要如何建立关系呢？定期规划时间跟家长谈话，每一两个星期拨出一小段时间与家长聊聊，聊天内容不一定是课程内容的话题；多谈谈孩子课程以外的生活、家长的兴趣等；多注意家长的情绪和变化，并适时地给予关心，这些都会有帮助。

另外，与家长沟通还有一种状况需要注意，就是妈妈是"传话"的人，而爸爸才有决定权，但是自己又不出现。这时候，老师可以提议请家长录音，让亲师之间的沟通内容能准确地传入爸爸的耳里，减低漏失重要信息的可能性。透过这样的方式，也能间接取得家长的信任。

这些额外的努力虽然对老师来说会占用很多时间，但这些付出能够避免不必要的误会，又能增进感情，长远来看，是非常值得的投资。记得，一切由信任开始。

懂孩子

只要你是以孩子的利益为出发点，家长是可以感受得到的，从沟通中也能获取家长的信任。前提是，我们需要先懂孩子，提升自己对孩子的观察力，观察孩子的喜好和特质，注意小细节并与家长分享。另外，多聆听家长对孩子的描述，特别是那些已经在接受疗育课程的家长，毕竟他们与这个圈子接触的时间比较久，可能会知道一些老师不知道的事情，还可以提供对于孩子有帮助的信息。

当然，老师也可以有感性的一面，多跟孩子建立正向的互动关系，直接从互动中去认识孩子，当你懂孩子，父母又看到孩子也喜欢你时，他们就会开始信任你。

懂家长

沟通的其中一个重点，就是聆听的技巧。请尝试去理解家长在乎的点，从聆听他们的需求开始，不要立刻反击或反应。要知道有时候家长话中带话，说出的话并不是他的本意，例如有些家长用挑战或质疑的方式说话，但他们的出发点也许是焦虑或不安。如果你听得懂并能理解家长的立场，同时又能同理，也许你的情绪就不太会受到影响，这样就可以避免不必要的恶性循环。在这里有一个可以运用的小秘诀，那就是"多问"家长，特别是当家长有情绪时，先帮他理清他的情绪，等到冷静之后，再多问家长一些问题，来帮助他清楚表达自己的想法或困扰。

说话的方式

别以为自己说的话家长都听得懂，真正的专业，是能将家长不懂的事情，用他们听得懂的话讲出来。那怎么样才知道对方是否听懂？重点是别只顾着自己说话，多观察家长的表情和反应：他是否露出疑惑的表情，是否一直都在点头或只说"嗯嗯"。当他的肢体语言告诉你他不理解时，尝试解说并提出实际生活中的例子。要记得，你的专业术语家长不会懂，也离他们很遥远，无法跟生活做联结，因此，提供生活例子会比较有说服力。

再来就是不要只报忧不报喜，很多家长一接到学校老师的电话就很紧张，因为以往接老师电话的经验，都是听到孩子在学校又犯了什么错误，或其他负面的信息，导致家长不想接电话，或是看到老师就想逃避。我们要特别注意在与家长沟通时提到的正向与负向信息的比例，尽量以正向内容为主，强调孩子好的表现。要记得对特殊儿童来说，再小的进步也是进步，引导家长看到孩子好的一面，多给爸妈鼓励与信心。

当然，沟通时重视每位家长的差异性也很重要，一位家长在乎的点不尽然是另一位家长在意的点；一位家长喜欢的互动模式也不一定是另一位家长喜欢的模式。

沟通的形式

我们最常见到的与家长沟通的形态包括：联络簿、电话、信件、短信或是面对面沟通。老师通常会优先使用最方便的模式，像是联络簿或通电话。有一些沟通方式虽然方便，但却比较适用于一些注意事项、需要携带的用品，或是园所要举办的活动之类的信息。针对孩子的学习状况、孩子在学校的表现，书写的方式有时候无法表达完整、传递正确的信息，甚至会造成误会，建议直接与家长面对面交谈，让沟通成为"双向"的沟通。

除了找到适合彼此沟通的方式，还要不断地检视这样的模式是否真的达到了双方都想达成的效果。有一些内容，需要沟通好几次才能达成共识，所以沟通的次数、一致性都是关键。为了帮助彼此都记得谈话的内容，最好的方式就是把谈话的重点记下来，特别是当老师很忙碌、要处理的事情很烦琐时，记下重点有助于彼此在下一次沟通时聚焦。

给予建设性的建议

你接触的特殊孩子通常不只是在幼儿园上课，试想一下，如果他一个星期分别上了其他的疗育课，比如语言、职能、物理、游戏和 ABA 等课程，五堂课就有五位老师给家长建议，一个星期一次，一个月就有二十个建议。无论是谁，听到这二十个建议都会感到非常混乱。毕竟很多家长也在学习他们不懂的东西，要消化这么多内容，还要统整出一套自己能理解又能执行的方式，的确很不容易。所以我们要先做的是体谅家长，而不是急着要教会他们什么。在给家长任何建议之前，先了解一下他们的状况：

爸妈是否有能力教自己的孩子？是否有意愿？他们能教到什么程度？教导家长就如教导孩子一样，我们要先了解他们的能力，才能帮忙设定学习的目标。

教导家长要设定短期目标，从他们能做到的先开始。如果可以示范教学给父母看，他们亲眼看到会比光听老师说的记忆更深刻，记得过程中要提供协助，也要记得给予适当的鼓励。

4 怎么做才算合作？

爸妈努力，老师才有动力

教孩子不仅是家长累，老师也会累，很多有热诚的老师都对我说过，他们的动力来自那些努力的家长。如果你问了老师一大堆问题，希望学习一些跟孩子应对的方法，但是问了之后又不去做，这样反复循环会让老师感到无力，想帮你都没办法帮。时间一久，老师的热情也会因此冷却，这不是很可惜？但是，如果问题出在你不懂老师建议的内容，请记得多发问，甚至请老师多做示范；在回家执行后如果还是遇到问题，继续向老师询问及讨论。要记得，亲师之间是一种合作关系，要彼此支持、鼓励，才对我们的孩子有益。

良好的沟通是艺术，也需要技巧，老师和家长双方都需要持续地反省和调整，只要我们都是为了孩子，做再多的努力也是值得的！

协助老师，减低班级压力

我相信许多家长都有一样的亲身体验，就是教养特殊儿童不是件容易的事，他们需要特别的引导方式，也需要付出比一般孩子更多的心思与关注，只要带过我们的孩子都能明显感受到。如果对我们来说，带一个孩子都要花费那么多心力和劳力，那么对班级老师更不用说，何况他还有那么多的孩子要负责。我们除了要体谅班级老师以外，还要有个认知，就是班级的老师很难像负责孩子疗育的治疗师一样，能经常花长时间跟你深入讨论孩子的状况。曾经就有一位家长向我抱怨，幼儿园的老师都无法常常与他详谈关于孩子的事情，其实是因为这位家长之前长期带孩子接受治疗，已经习惯治疗师给他的一对一关注，所以面对一个新的体系就很难适应。

我认为这个时候，应该多去了解幼儿园的生态，他们的各种条件的确跟疗育机构不一样，我们也不该用相同的标准套在班级老师身上，而是要自己学习去适应这个新的环境。再者，我们还需要去协助老师，毕竟事实上，有很多幼儿园拒收特殊儿童，就是因为怕造成老师的过度负担。所以如果幼儿园愿意让我们的孩子入学，除了需要先从老师那边了解，他在带孩子时是否遇到困难，还要持续与老师沟通出一些可行的解决方案，协助老师减轻压力。

老师的困扰，妈妈帮忙改善

小琴是个刚刚开始在幼儿园融合的小朋友，听老师的描述，小琴在学校很乖，唯一需要让老师多次督促的是，每次叫小琴去拿教具再回座位时，她都会因为受到旁边同学的干扰，而忘记接下来是要去拿教具还是要回座位。这种状况每天都会发生，老师常常都要一再提醒，小琴才会记得她该做的任务。到最后为了节省时间，老师干脆全程站在她身边作为提醒，这样的处理方式反而让班上其他的孩子感觉被忽视了。

老师与小琴妈妈沟通了这个状况，因为妈妈无法到校园陪读，只好在家里帮孩子练习，每天都营造一些练习机会，模拟在教室有可能会发生的情境。像是老师描述的，先拿物品，再到另一个地点，有时妈妈还会刻意在环境中制造一些干扰，再引导小琴还是要专注在自己该做的事情上。妈妈持续地与老师分享小琴在家练习的成果，老师也发现小琴在学校需要被提醒的次数开始减少，这个改变减轻了老师很多压力，亲师之间的关系也越来越好！

教室的学习，回家也能继续

还记得我在美国担任老师的时候曾带过一个班，班上有一个特殊儿童，是五岁的小男孩，有轻度的发展迟缓。他在学习上跟行为上都没有什么太大的问题，在教室里也是个情绪温和、配合度高的孩子。每一次我们兴高采烈地跟孩子的妈妈说起孩子在学校的表现，妈妈都无法相信，还会皱着眉头向我们说她的孩子在家是恶魔，根本不是我们描述的那个样子。我们实在忍不住好奇心，于是请妈妈在家时偷偷录像给我们看，结果发现事实就如妈妈所说的，孩子在学校跟在家里是极端不同的两个人。他在家里捣蛋、顶嘴、搞破坏、闹情绪……很难想象这是我们平常在学校看到的小天使。

问题到底是出在哪儿？我们跟妈妈做了深入的沟通之后，才知道其实是跟不同的引导方式有关。在学校，老师会明确又具体地说明教室规范，什么是该做的、什么是不该做的，都会清楚地让学生知道。除此之外，在教室里我们也实行代币制度，也就是当孩子表现出理想的行为时，都能得到点数，而点数累积到一定的数量后，则可以找老师兑换孩子想要做的活动。因此孩子的学习动机变高，也很有意愿遵守教室常规。

在家里就不一样了，除了没有明确的规则以外，孩子不好的行为常常会受到父母的注意，孩子马上就学会用这些不好的招数来引起爸妈的注意，结果就变成了恶性循环。有时候就算孩子有好的表现，爸妈却视为理所当然，不但没有给孩子特别奖励，也不会口头赞美。时间久了，孩子想改变的动机会慢慢减低，最后就干脆放弃，才会出现那些恐怖的小恶魔行为。

经过这样的沟通之后，妈妈表明想开始调整自己的教养方式，还向我们透露了她的一个困难，就是妈妈在家中很难找到能激励孩子的事物。这件事让我想到了美国学者之前研究出的策略"行为契约"，运用这个概念，我们设计了一个能激励孩子的计划。我们请妈妈将孩子的问题行为写在契约中并跟孩子沟通，如果问题行为减少，便能获得点数，这些点数能够拿到学校来跟老师兑换他想要从事的活动。换句话说，也就是我们帮助妈妈减轻了她的负担，孩子在家的行为改变也可以让他在学校受到老师的注意和肯定。几周后妈妈开心地把家中的录像影片与我们分享，孩子在家的行为改善许多，亲子之间的关系也变得更融洽了！

亲师合作例子：小查理的行为契约

小查理已经在幼儿园融合了一段时间，他的语言能力佳，在班上也有几位好朋友。小查理虽然能力不错，但是常常出现一些行为问题让老师感到头疼，像是没经过同意就拿别人的东西、上课会随意离座，或是乱摸其他小朋友。老师尝试了不同的方式来引导他，但是都没有明显的效果。眼看过了好几个月，这些行为还是没有改善，连班上的同学也开始受影响。于是老师跟妈妈沟通，妈妈才开始寻求专业的协助。

在我们与老师沟通后，得知一般的幼儿园使用奖励制度的次数并不够密集，而小查理本身的学习动机就不强，如果没有明确的规范和激励方式，他就不会愿意改变。接下来，我们与老师和家长一起沟通，借由行为契约的策略，向小查理说明契约的规则，让他了解在哪些行为没有出现的情况下，才能获得笑脸，集满的笑脸则可以兑换他自己选择的游戏。为了不打乱老师上课的秩序，他选择的游戏会在家中与妈妈做兑换。也就是说，老师负责在学校观察他的行为，并适时地以代币制度来激励孩子，放学后，小查理会把契约带回家给妈妈看，妈妈则负责在家中检视契约上的表现，并给予适当的奖励。

这种模式，就是亲师之间的一种合作，因为在过程中，亲师双方需要持续沟通，在执行上也需要一致性，才能朝着共同的目标迈进。一段时间过后，小查理的行为开始改善，老师也渐渐将兑换的时间间隔拉长，让他在得到想要的结果之前可以学习等待跟克制冲动。

小查理的行为契约集满笑脸，可以兑换他喜欢的游戏